肉・魚＆野菜が一緒に焼ける
時短ワンプレート

ほったらかし 魚焼きグリル おかず

下条美緒

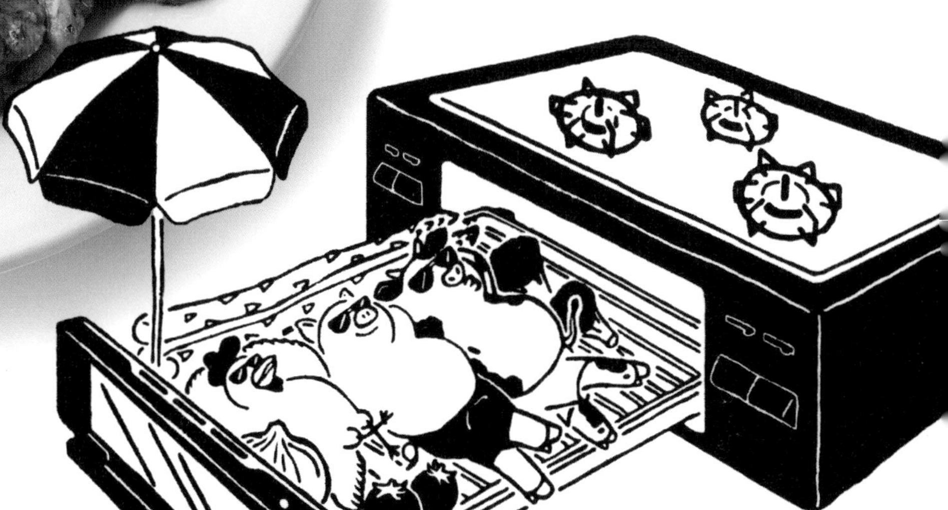

はじめに

魚焼きグリルは、仕事や育児が忙しい方にこそ
毎日ご活用いただきたいお助けアイテムです。

名前のとおり、〝焼き魚〟のときだけ使う方もきっと多いですよね。
でも実は、フライパンやオーブンで調理する料理を
グリルに置き換えると、驚くほど簡単においしく焼けるんです。
わたし自身、普段からハンバーグもグリルで焼くのが定番！
調理の過程でハンバーグの肉汁が流れ出ず、
旨味を凝縮してくれます。

これは魚焼きグリル特有の
〝短時間で高温になり、食材をまんべんなく加熱する〟仕組みのおかげです。
食材の表面に均等に火が通るから旨味が逃げない。
だから魚はもちろん、肉も野菜もこんがり焼けて、
味や香りをギュッと閉じ込めてくれます。

しかも、作り方はシンプル！　食材に下味をつけて焼くのが基本です。
ご紹介するレシピは15分以内で焼けるので、
グリルに入れてタイマーをかければ、ほったらかしで別の作業ができて効率的！
肉・魚と野菜が同時に作れるワンプレートメニューだから、
何品も献立を考える必要がなく、日々の料理がぐっと時短になります。

そうそう、使った後のグリルを洗うのが苦手な方も多いですよね？
大丈夫！　アルミホイルでカバーすれば、網や受け皿の油汚れが防げて、
面倒なイメージのあるグリル洗いがぐんとラクになります。

今までなぜ使わなかったのか…と思うほど、誰でも簡単においしい料理が作れますよ。
みなさんにとって、本書が〝魚焼きグリル〟を見直すきっかけになりますように。

下条美緒

もくじ

Part 1

ほったらかし魚焼きグリル

肉おかず

column

ほったらかし魚焼きグリル

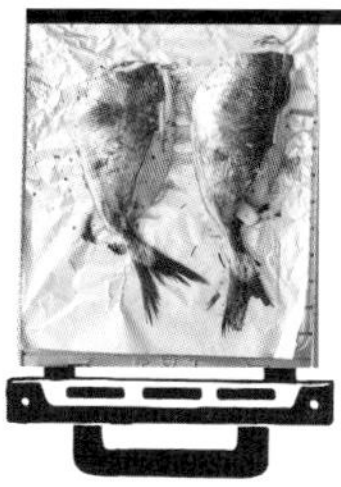

Part 2 ほったらかし魚焼きグリル 魚おかず

Part 3 ほったらかし魚焼きグリル おつまみ

この本のきまり

- 魚焼きグリル使用中は排気口をふさがないでください。
- 本書では一般的な家庭にある魚焼きグリルを使った場合を想定して調理しています。加熱時間はあくまで目安です。お使いの魚焼きグリルの火力や庫内のサイズ、炎から食材までの距離などによって変わります。
- 基本のレシピは両面焼きの火加減や加熱時間です。片面焼きと分けて記載しています。水を入れるタイプの魚焼きグリルは、取扱説明書に従い水を入れて調理してください。
- 魚焼きグリルの網や受け皿に敷いたり、食材を包んだりしたアルミホイルは、調理ごとに新しいものに取り替えてください。
- 小さじ1は5mℓ、大さじ1は15mℓ、1カップは200mℓです。「ひとつまみ」とは親指、人さし指、中指の3本で軽くつまんだ量のことです。
- 卵はMサイズを使用しています。
- 耐熱容器には直火にかけられるタイプと、オーブンや電子レンジに使えてもガスの火にかけられない直火不可のタイプがあります。必ず直火調理可のものをお使いください。
- 電子レンジは600Wを使用しています。500Wの場合は時間を1.2倍にしてください。

＼基本の／
魚焼きグリルおかずを作ってみよう！

鶏肉はカリッとふっくらジューシー、
野菜はギュッと味が凝縮して甘みや香りが倍増！
強い火力が持ち味の魚焼きグリルは、全方向から高温加熱することで
食材の表面を焼き固めて旨味を閉じ込めます。だから、接地面しか
食材が加熱されないフライパン調理よりもおいしく焼けます。
しかも、食材を並べてグリルに入れるだけだから、とっても簡単。

タンドリーチキン

スパイス入りのヨーグルトを鶏肉にからめ、タンドール窯で焼くタンドリーチキン。
スパイス入りのヨーグルトを鶏肉にからめ、タンドール窯で焼くタンドリーチキン。
高温加熱が得意な魚焼きグリルなら、本場のインド料理にも負けないほど
香ばしくジューシーに。ブロッコリーも一緒に焼いて、
ワンプレートがあっという間に完成します。
時短で絶品！ グリルおかずの魅力を焼きたての香りごと味わって♪

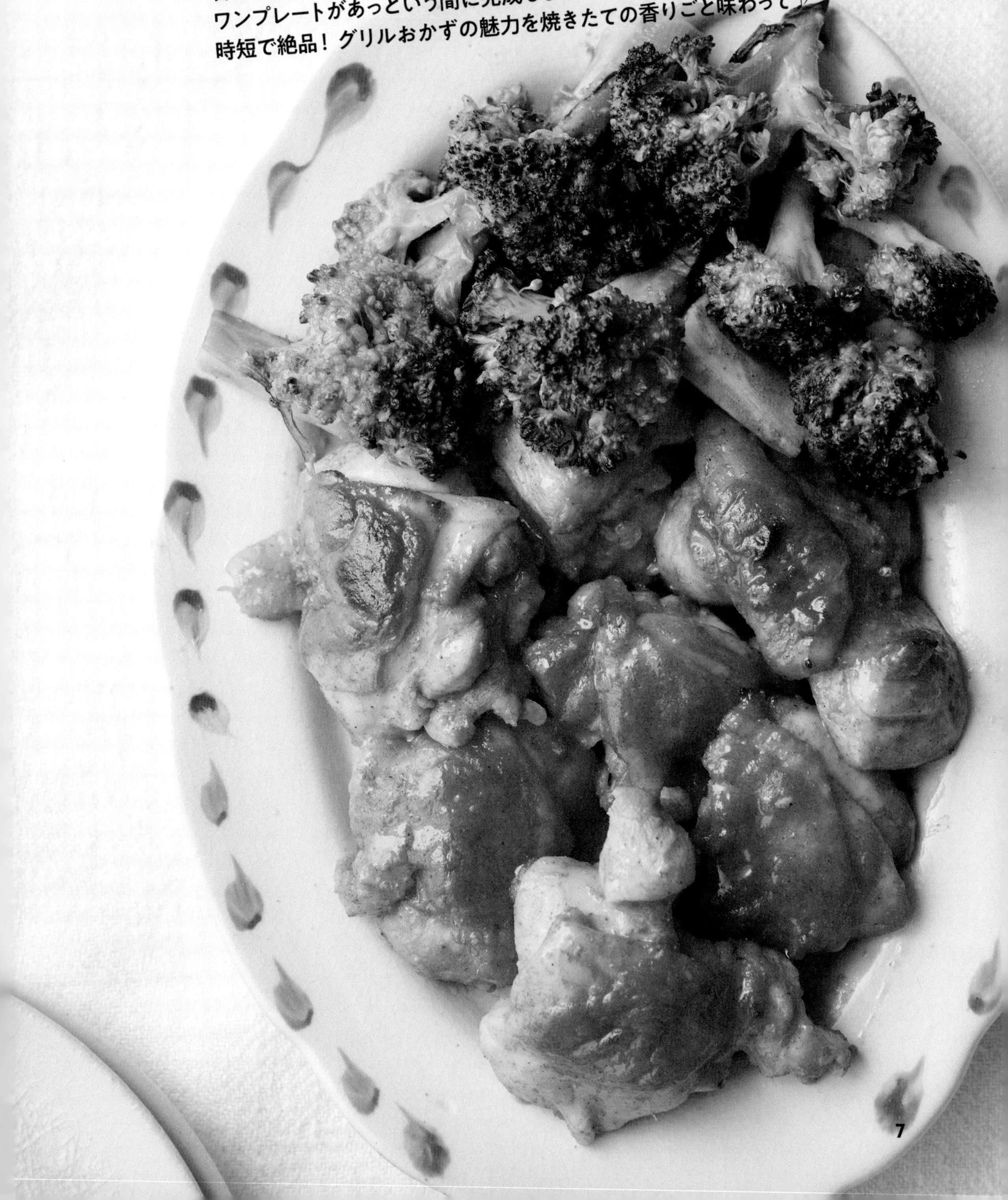

基本の魚焼きグリルおかず

タンドリーチキン

材料 2人分

鶏もも肉……1枚（300g）
ブロッコリー……小1/2株

A
プレーンヨーグルト……大さじ6
ケチャップ、カレー粉……大さじ1
砂糖、オリーブオイル、片栗粉……各小さじ2
塩……小さじ1
おろしにんにく……小さじ1/2

作り方

1 材料を切る

鶏肉はひと口大より少し大きめに切り、ブロッコリーは小房に分ける。魚焼きグリル調理は高温で火の通りがいいので、食材はやや大きめに切る。

＊食材の厚みは3㎝程度までにすると、焦げずにムラなく焼けます。

2 下味をつける

鶏肉とブロッコリーを、ボウルでAと混ぜ合わせて15分漬ける。

＊先に調味料をからめると加熱中の手間が省けて、味のなじみがよくなります。

Point 1

魚焼きグリルを点火したら、必ずタイマーをセット！　うっかり焼きすぎる心配がありません。火が通りやすい食材だけ途中で先に取り出すレシピは、2回に分けてセットします。

Point 2

レシピの焼き時間よりも早く食材の表面が焦げそうになったら、アルミホイルをかぶせて焼きます。とくに肉や魚は中心まで火を通すため、焦げるのを防ぎながら加熱します。

全レシピ
〈片面焼きグリル〉の
焼き時間も紹介！

本書では、片面焼きグリルを使用した場合の焼き方も記載しています。片面焼きはバーナーが上部のみのため、火が通りにくい食材はトングで1度だけ裏返します。崩れやすいものはゴムべらやフライ返しを使うとスムーズ！

3 アルミホイルを敷き穴を開ける

グリルの受け皿のサイズに合わせて、浮かないようアルミホイルをぴっちり敷く。網にもアルミホイルをぴっちり敷いてオリーブオイル（分量外）を塗り、鶏肉をのせる上半分に箸などで1㎝の長さの円形の穴を6～8か所開ける（写真内の赤い部分）。

＊大さじ1/2程度の食用油を塗り、焼き上がりの食材がくっつくのを防ぎます。

＊肉など脂が出やすい食材の下に穴を開け、脂を下に落とすことで引火を防ぎます。

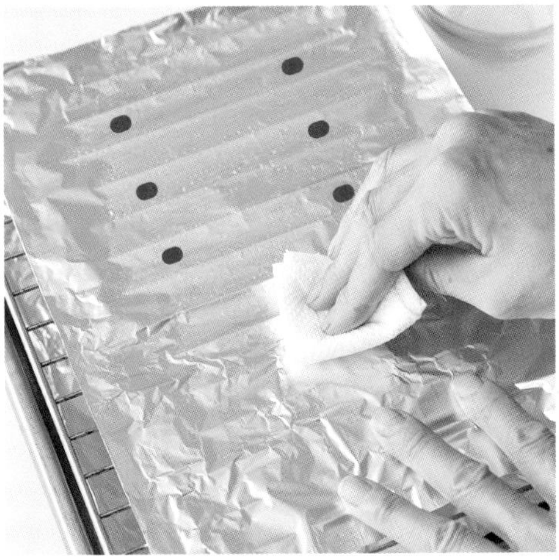

4 焼く

奥に皮面を上にした鶏肉、手前にブロッコリーをのせて弱火で10分焼く（ブロッコリーが焦げそうになったら先に取り出す）。

〈片面焼き〉鶏肉の皮面を下にしてのせ、弱火で7分半焼き、裏返して7分半焼く。

＊火が通りにくい食材は奥、野菜は手前にのせます。

※アルミホイルは使い回さず、新しいものをご使用ください。
※「水あり」タイプの場合、アルミホイルの代わりに受け皿に水を入れてご使用ください。

ほったらかし魚焼きグリルおかずは忙しい人のお助けアイテム

旨味を閉じ込めて焼ける

魚焼きグリルの最大の特徴は、短時間で高温調理ができること。点火後わずか1分以内に300℃の高温に達し、「放射熱（直火）」と「対流熱」の2つの熱式で加熱できます。放射熱（直火）で食材の表面をこんがりと焼き上げながら、高温の「対流熱」で食材を包み込むように加熱するので、旨味をギュッと閉じ込め、短時間で食材の中心まで火が通ります。だから味が凝縮されて、肉や魚はふっくらジューシーに、野菜の甘みも引き出してくれます。実は、この2つの熱式を兼ね備えているのは魚焼きグリルだけ！　鍋やフライパンのように部分的ではなく、食材全体に熱が伝わるので焼きムラもありません。だから、失敗なく短時間でおいしい料理が作れます。

焼き時間は15分以内

網に食材をのせて魚焼きグリルに入れたら、焼くのはおまかせ。スペアリブ、ローストポーク、焼き鳥など本編で紹介するレシピは基本的にすべて15分以内に焼き上がります。焼いている間に洗い物や汁物の準備など、別の作業ができるのもうれしいポイント！

たとえば、仕事から帰ってサッと夕飯を作りたいときは、アルミホイルを使った包み焼き料理がおすすめです。朝に食材を包んで冷蔵庫に入れておけば、帰宅後は焼くだけ。ガス台が汚れず、アルミホイルを捨てるだけだから片づけもラクチン。

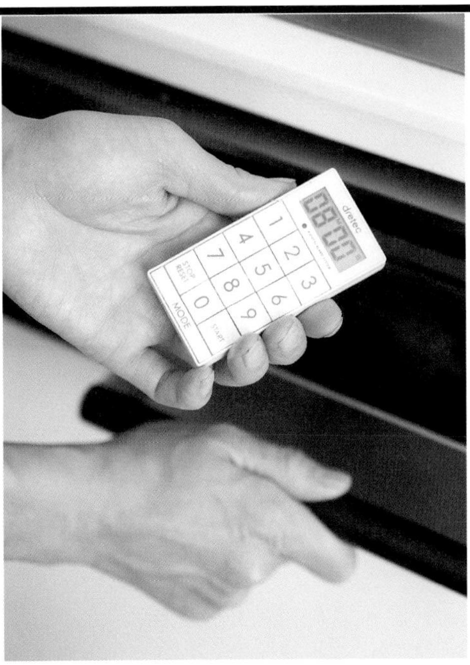

ほったらかしにできる

フライパンで焼いたり炒めたりする料理は、食材の状態を見ながら火加減を調節するため、目も手も離せませんが、魚焼きグリルならつきっきりで見守る必要なし！　タイマーをセットすれば、アラームがなるまで片づけやテーブルセッティングができるのでとっても効率的。

主菜＆副菜が同時に作れる

本書では肉や魚などの主菜だけでなく、野菜を使った副菜も同時に作れるレシピを紹介しています。漬け汁に肉と野菜をからめて一緒に焼いたり、味つけを変えた野菜をアルミカップに入れて焼いたり、グリル中にサラダを作ったり。献立に悩むことなく段取りよく作業できるので、時間がないときでも大助かり。魚焼きグリルを活用すれば、大満足のワンプレート料理が簡単に作れます。

本書で使用する容器について

魚焼きグリルには、直火可能な耐熱容器、アルミホイル型、アルミカップを使います。塩たらと餅のとろろグラタン（P59）やガーリックシュリンプライス（P74）など、液状のソースが多いものやごはんの重量があるものは耐熱の容器がおすすめです。耐熱容器がない場合は、アルミホイルを二重にした型で代用できます（作り方は、カバー折り返しで紹介）。肉や魚と異なる味つけの野菜を同時に焼くときや、網目より小さい食材を焼くときは、深さのある市販のアルミカップが便利です。

油汚れを予防できる！

魚焼きグリルのお手入れがラクになる裏ワザ

洗うのが面倒なイメージのある魚焼きグリルは、汚さずに作る工夫が肝心。
網や受け皿にアルミホイルを敷いたり、網に食用油を塗ったりすれば、
食材のこびりつきや油汚れが広がるのを防げます。
軽い汚れがついたらぬるま湯で流し、アルミホイルを捨てれば片づけ完了！

Pattern 1 網に油を塗る＋受け皿にアルミホイル

余分な脂を落としたい食材を焼く際は、網にサラダ油やオリーブオイルを塗ってからのせます。キッチンペーパーに大さじ1/2程度の油を含ませて網になじませると、食材がこびりつきにくくなり、軽くなで洗いするだけで汚れが落ちます。受け皿にはアルミホイルを敷いて、加熱中の脂や調味液が直接ふれないようにすればカンペキ。

＊アルミホイルの使用について、注意書きが記されている魚焼きグリルもありますので、事前に説明書をご確認ください。

Pattern 2 受け皿＋網にアルミホイル

下味のソースを多めにからめた食材や、薄切りの肉、小さく切った野菜などを焼く際は、受け皿と網にサイズを合わせたアルミホイルを浮かないようにぴっちり敷いて、油汚れの付着を予防！調味液や食材が焦げつかず、網を洗う手間が軽減するほか、アルミホイルは熱伝導率がいいので加熱を妨げることがなく、焼き上がった食材を崩さず取り出せるので一石二鳥です。

＊網の上のアルミホイルには必ず6～8か所穴を開けて食材をのせ、脂を下に落とすようにしましょう（P9参照）。

＊グリルが「水あり」タイプの場合は、アルミホイルの代わりに受け皿に水を入れてご使用ください。

ガラス扉のお掃除テク〝重曹湿布〟

ガラス扉の汚れには重曹湿布が効果的。酸性の油汚れにアルカリ性の重曹を使うことで油が分解され、汚れが落ちやすくなります。100円ショップなどで購入できる重曹スプレーをキッチンペーパーに含ませて扉に張りつけ、5～10分置いて汚れがゆるんだら拭き取ればOK。ひどい汚れにはセスキ炭酸ソーダで同様に湿布します。洗浄力が強いのでゴム手袋を着用してください。

＊重曹水を作る場合は、ぬるま湯1カップに重曹小さじ1を溶かす。

ほったらかし魚焼きグリル

Part 1

肉おかず

魚焼きグリルの特性を生かせば、焼き物も揚げ物風も思いのまま。
短時間で高温になる庫内をミニオーブン感覚で使えます。
BBQチキンは照りよく仕上がり、チキンカツは揚げずにサクサク、
スペアリブは余分な脂が落ちて、ハンバーグは肉汁たっぷりの仕上がりに。
こんがりジューシーな肉のおいしさを堪能できます。

メキシカン チキン

スパイシーでマヨネーズのコクがそそる！ 野菜と豪快に盛りつけて

材料 2人分

鶏もも肉……1枚（300g）
コーン缶（ホール）……1缶（190g）
アボカド……1/2個

A
マヨネーズ……大さじ1
しょうゆ、チリパウダー……各小さじ1
オレガノ、片栗粉、砂糖……各小さじ1/2
おろしにんにく、塩……各小さじ1/4

B
オリーブオイル……小さじ1
塩、黒こしょう……各少々

［トマトサルサ］
トマト……1/2個
玉ねぎ（みじん切り）……大さじ1
ケチャップ……小さじ1
砂糖、しょうゆ、ウスターソース……各小さじ1/2

チリパウダー
唐辛子のほか、パプリカ、オレガノ、クミン、ガーリックなどがブレンドされたスパイス。

作り方

1 鶏肉は半分に切って身に数本切り込みを入れ、ボウルで**A**と混ぜ合わせて15分漬ける。コーンは缶汁をきってアルミカップで**B**と混ぜる。

2 グリルの網にアルミホイルを敷いてオリーブオイル適量（分量外）を塗り、箸などで6〜8か所に穴を開ける。奥に皮面を上にした鶏肉、手前にコーンをのせて弱火で10分焼く。

3 ［トマトサルサ］のトマトは角切りにして玉ねぎ、調味料を混ぜる。皿に**2**を盛ってソースをかけ、アボカドを薄切りにして添える。

〈片面焼き〉 鶏肉の皮面を下にしてのせ、弱火で7分半焼き、裏返して7分半焼く。

BBQチキン

甘めのたれをからめた鶏肉は照りよくジューシー♪

材料 2人分

鶏もも肉……1枚（300g）

A
- ケチャップ……大さじ2
- ウスターソース、しょうゆ……各大さじ1
- マヨネーズ、片栗粉、はちみつ……各小さじ2
- 塩……小さじ$\frac{1}{4}$

［野菜のグリル］

玉ねぎ（厚さ7㎜の輪切り）……2枚

ピーマン……1個

しいたけ……2個

B
- 塩……ひとつまみ
- オリーブオイル……小さじ1

作り方

1 鶏肉は半分に切って身に数本切り込みを入れ、ボウルで**A**と混ぜ合わせて15分漬ける。

2 ピーマンは種とヘタを取って縦半分に切り、しいたけは軸を落とす。野菜に**B**をまぶす。

3 グリルの網にアルミホイルを敷いてオリーブオイル適量（分量外）を塗り、箸などで6～8か所に穴を開ける。奥から玉ねぎ、皮面を上にした鶏肉、ピーマン、しいたけをのせて弱火で7分焼く。ピーマン、しいたけを取り出し、さらに3分焼く。

〈片面焼き〉鶏肉は皮面を下にしてのせ、弱火で8分焼き、ピーマン、しいたけを取り出し、鶏肉を裏返して4分焼く。

Point

- 玉ねぎはしっかり火を通すため、一番奥に置く。
- 途中、焦げつきそうになったらアルミホイルをかぶせる。

材料 2人分

鶏もも肉……1枚（300g）
レタス……適量
片栗粉……大さじ3
サラダ油……小さじ2

A
塩……小さじ$\frac{1}{3}$
酒、ごま油……各大さじ$\frac{1}{2}$
黒こしょう……適量

B
長ねぎ（みじん切り）……12cm分
しょうが（みじん切り）……$\frac{1}{2}$かけ分
しょうゆ……大さじ$1\frac{1}{2}$
砂糖、ごま油、水……各大さじ1
酢……大さじ$\frac{1}{2}$

作り方

1 鶏肉は半分に切って身に数本切り込みを入れ、ボウルで**A**と混ぜ合わせて15分漬ける。**B**は混ぜておく。鶏肉の皮をのばしながら片栗粉を薄くまぶす（a）。

2 グリルの網にサラダ油適量（分量外）を塗り、皮面を上にして鶏肉をのせてサラダ油を半量ずつたらす。弱火で5分、中火で4～5分、皮がカリッとするまで焼く。

3 レタスは細切りにして皿に敷き、**2**を食べやすく切ってのせ、**B**をかける。

〈片面焼き〉皮面を下にして鶏肉をのせ、弱めの中火で5分、裏返してサラダ油を半量ずつたらす。5～6分焼く。

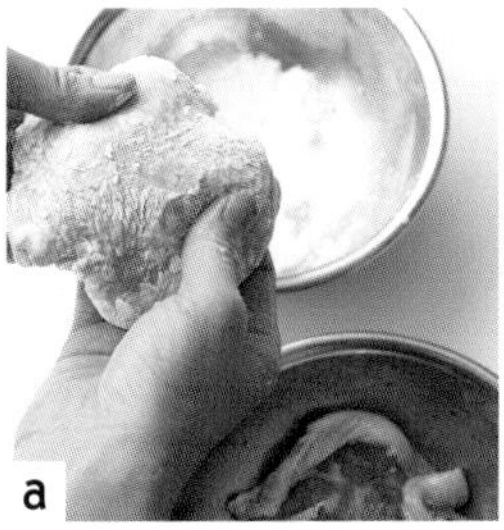
a

油《ユー》淋《リン》鶏《チー》

油で揚げたようなカリッと感のある鶏肉を、絶品中華だれで！

ガイヤーン

グリルした甘～いトマトをチキンにからめて召し上がれ

材料 2人分

鶏もも肉……1枚（300g）

香菜……2枚

A
- 香菜（みじん切り）……1枝分
- おろしにんにく……小さじ1/4
- 赤唐辛子（小口切り）……小さじ1/2
- ナンプラー、オイスターソース、砂糖……各大さじ1/2
- ごま油、酒、片栗粉……各小さじ1

［ミニトマトのグリル］

ミニトマト……10個

B
- 塩……少々
- オリーブオイル……大さじ1/2

作り方

1 鶏肉は半分に切って身に数本切り込みを入れ、ボウルで**A**と混ぜ合わせて15分漬ける。ミニトマトはヘタを取り、アルミカップで**B**と混ぜる。

2 グリルの網にアルミホイルを敷いてオリーブオイル適量（分量外）を塗り、箸などで6～8か所に穴を開ける。奥に皮面を上にした鶏肉、手前にミニトマトをのせて弱火で5分焼く。ミニトマトを取り出し、さらに5分焼く。

3 皿に**2**を盛り、香菜を長さ3cmに切って添える。

〈片面焼き〉鶏肉は皮面を下にしてのせ、弱火で7分焼いてミニトマトを取り出し、鶏肉を裏返して8分半焼く。

材料 2人分

鶏もも肉……1枚（300g）

A
- しょうゆ……大さじ$1\frac{1}{2}$
- みりん、砂糖……各大さじ1
- ドライバジル、片栗粉、オリーブオイル……各小さじ1

［しめじのグリル］

しめじ……1パック（100g）

B
- ごま油……小さじ1
- 塩……少々

作り方

1. 鶏肉は半分に切って身に数本切り込みを入れ、ボウルで**A**と混ぜ合わせて15分漬ける。しめじは石づきを取って小房に分ける。
2. グリルの網にアルミホイルを敷いてオリーブオイル適量（分量外）を塗り、箸などで6〜8か所に穴を開ける。奥に皮面を上にして鶏肉をのせる。
3. 漬け汁が残った**1**のボウルでしめじ、**B**を混ぜ合わせてアルミカップに移し、鶏肉の手前にのせる。弱火で7分焼いてしめじを取り出し、さらに3分焼く。

〈片面焼き〉鶏肉は皮面を下にしてのせ、弱火で7分半焼き、しめじを取り出し、鶏肉を裏返して7分半焼く。

鶏ももの バジル照り焼き

定番の照り焼きも、ちょい足しバジルでさわやか！

グリル焼き鳥

対流加熱が得意なグリル焼きで
専門店レベルのジューシーな鶏肉に変身！

たれ

材料　鶏串4本、ししとう串2本分

鶏もも肉……1枚（300g）
ししとう……10本
塩……少々

A　しょうゆ……大さじ2½
　　みりん……大さじ2
　　砂糖、酒……各大さじ1
　　片栗粉……大さじ½

〈片面焼き〉 弱火で3分焼いてししとう串を取り出す。さらに4分半焼き、鶏串を裏返して7分半焼く。

作り方

1 耐熱容器に**A**を混ぜて、ラップをかけずに電子レンジで1分20秒加熱する。かき混ぜてとろみをつけ、粗熱をとる。鶏肉を3cm角に切り、たれをからめて5分置く。

2 ししとうは竹串で数か所つつき、半量ずつ竹串に刺して塩をふり、**1**は¼量ずつ竹串に刺す（a）。持ち手部分をアルミホイルで巻く（b）。

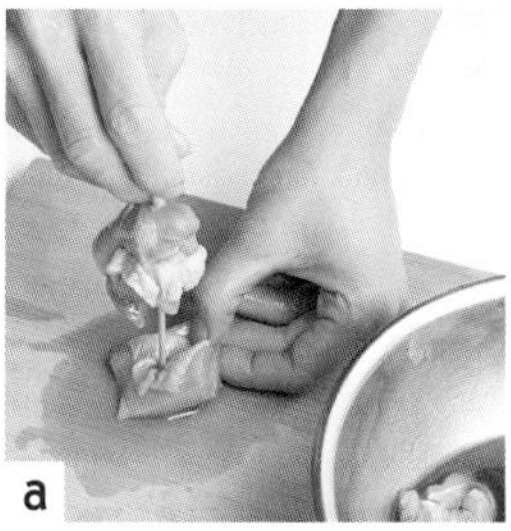
a

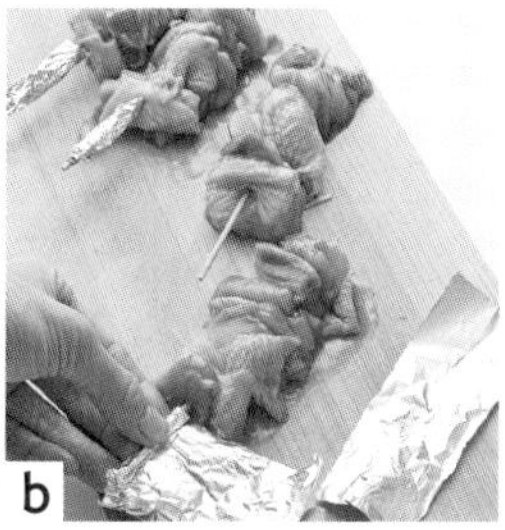
b

3 グリルの網にサラダ油適量（分量外）を塗り、奥に鶏串を3本、手前に残りの鶏串とししとう串をのせる。弱火で4〜5分焼いてししとう串を取り出し、さらに5〜6分焼き、強めの中火で1〜2分焼く。

Point

・たれは電子レンジで加熱後、手早くしっかり混ぜるととろみがつきやすい。
・鶏肉は、まな板に置いて上から竹串を刺すと簡単に通る。

塩

材料　4本分

鶏もも肉……1枚（300g）
長ねぎ……1本
塩……少々

A　玉ねぎ（すりおろし）……大さじ1
　　おろしにんにく……少々
　　塩麹……大さじ3
　　砂糖……小さじ⅓

作り方

1 長ねぎは長さ3cmに切って塩をふる。鶏肉は3cm角に切り、ボウルで**A**と混ぜ合わせて15分漬ける。

2 **1**を¼量ずつ交互に竹串に刺し、持ち手部分をアルミホイルで巻く。

3 グリルの網にサラダ油適量（分量外）を塗り、**2**をのせて弱火で8分、強めの中火で5分、少し焼き目がつくまで焼く。

〈片面焼き〉 弱めの中火で7分、裏返して7分、少し焼き目がつくまで焼く。

Point

漬け汁の玉ねぎとにんにくが鶏肉のクセをカバーし、塩麹で旨味アップ。

タッカルビ

鶏肉と長いもにうま辛コチュジャン&チーズのコク

材料 2人分

(縦18×横22×深さ2cmの耐熱皿)

鶏むね肉……1枚(300g)
長いも……100g
長ねぎ……$\frac{1}{2}$本
ピザ用チーズ……大さじ4

A
おろしにんにく……小さじ$\frac{1}{4}$
コチュジャン……大さじ1
砂糖、しょうゆ、酒、ごま油……各小さじ2

作り方

1 長いもは厚さ5mmの半月切り、長ねぎは斜め薄切りにする。鶏肉は3等分にし(a)、繊維を断つように厚さ2cmのそぎ切りにする(b)。ボウルで長いも、鶏肉、**A**を混ぜ合わせて15分漬ける。

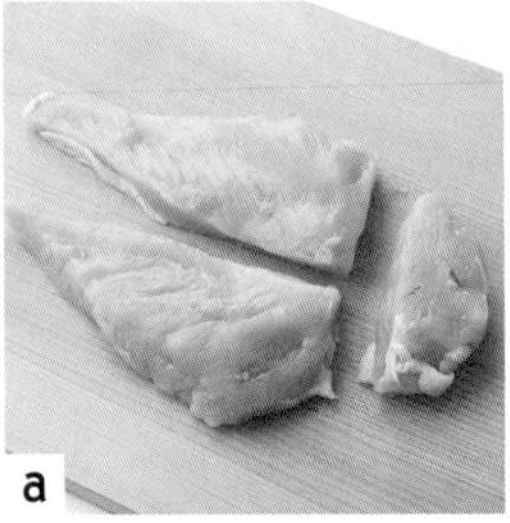

a

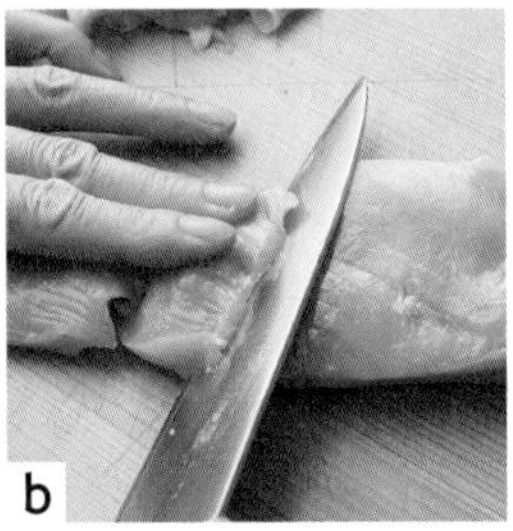

b

2 耐熱皿になるべく重ならないように鶏肉、長いも、長ねぎを入れ、グリルの網にのせ弱火で10分、チーズをかけて中火で1分焼く。

〈片面焼き〉 弱火で13~15分(焦げそうになったらアルミホイルをかぶせる)、チーズをかけて1分焼く。

Point

耐熱皿の代わりにアルミホイル型(カバー折り返し参照)でもOK。

材料 2人分

鶏むね肉……1枚（300g）
ルッコラ……適量

A | 塩……小さじ$\frac{1}{3}$
黒こしょう……少々

B | 薄力粉……大さじ6
水……大さじ5

C | パン粉……1カップ
粉チーズ……大さじ3
サラダ油……大さじ4

［トマトソース］
ミニトマト……8〜10個

D | おろしにんにく、塩……各少々
オリーブオイル……大さじ1
ドライバジル、砂糖
……各小さじ$\frac{1}{2}$
ケチャップ……小さじ1

作り方

1 鶏肉は半分に切ってラップの上から麺棒でたたく（a）。厚さ1cmほどになったらAをふる。B、Cはそれぞれ混ぜ、順に鶏肉にまぶす。

2 グリルの網にアルミホイルを敷いてオリーブオイル適量（分量外）を塗り、箸などで6〜8か所に穴を開ける。1をのせてアルミホイルをかぶせ、強めの中火で8〜9分焼く。アルミホイルを取って弱火で1〜2分、少し焼き目がつくまで焼く。

3 ミニトマトはヘタを取って8等分にし、Dと混ぜる。2を食べやすく切り、皿に盛ってソースをかけ、ルッコラの根元を落として添える。

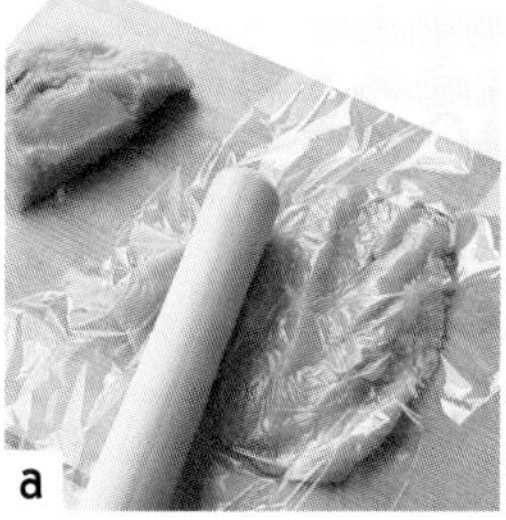

a

Point

・Cはパン粉全体に油がなじむまで、しっかり混ぜる。
・焦げやすいので、アルミホイルを取ったら様子を見ながら焼く。

〈片面焼き〉 強火で3分予熱し、1をのせてアルミホイルをかぶせ強火で7分、裏返してアルミホイルをかぶせ7分焼く。アルミホイルを取って弱火で1分焼き、火を止めて1分置く。

揚げないミラノ風チキンカツ

粉チーズ入りのサックサク衣で、むね肉の満足感UP！

長

香港風 黒酢手羽先

パリッと焼けた皮が美味！ 五香粉《ウーシャンフェン》の甘い香り、黒酢のコク深さがクセになる

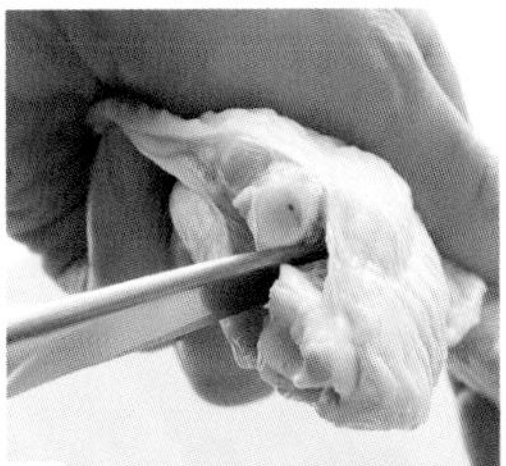
a

材料 2人分

鶏手羽先……6本（360g）

A 塩……小さじ1/4
黒こしょう……少々

B おろししょうが……小さじ1/2
砂糖、しょうゆ、みりん……各大さじ1
黒酢……小さじ1
片栗粉……小さじ1/2
五香粉《ウーシャンフェン》……少々

［切り干し大根の中華サラダ］

切り干し大根……20g

かいわれ菜……1/2パック

C サラダ油……大さじ1/2
砂糖、ナンプラー……各小さじ1
酢……小さじ1/2

作り方

1 手羽先は骨と骨の間をハサミで切り離し（a）、**A**をまぶす。グリルの網にサラダ油適量（分量外）を塗り、皮面を上にして手羽先をのせ弱火で8分、強火で2分、皮がカリッとするまで焼く。

2 耐熱ボウルに**B**を混ぜ、ラップをせずに電子レンジで1分加熱する。混ぜてとろみをつけ、**1**をからめる。

3 切り干し大根は水で3分戻し、ざっと洗う。水けをしぼって食べやすく切り、根元を落としたかいわれ菜、**C**とあえる。

〈片面焼き〉皮面を下にして手羽先をのせ弱火で8分、裏返して6分焼く。

Point

手羽先は、焼きたてを**B**にからめると味がしみ込みやすくなる。

メープル バルサミコ手羽中

**まろやかな甘さに、ほどよい酸味。
食べやすいので持ち寄りにも**

材料 2人分

鶏手羽中……7〜8本（250g）
オクラ……8本
オリーブオイル……少々

A
しょうゆ……大さじ$1\frac{1}{2}$
メープルシロップ、バルサミコ酢……各大さじ1
片栗粉……小さじ1
黒こしょう……少々

作り方

1 手羽中はボウルで**A**と混ぜて15分漬ける。オクラは塩少々（分量外）で板ずりし、洗って水けをきる。

2 グリルの網にオリーブオイル適量（分量外）を塗り、奥に皮面を上にして手羽中、手前にオクラをのせる。

3 弱火で5分焼いてオクラを取り出し、さらに5分焼く。オクラはオリーブオイルであえる。

〈片面焼き〉 弱火で7分焼いてオクラを取り出し、手羽中を裏返して7分焼く。

Point

オクラは歯ごたえが残るよう硬めに焼くのが◎。

鶏ささみのガーリックバター

めんつゆで味つけ簡単！
にんにく&バターの風味がふんわり

材料 2人分

鶏ささみ……4本（200g）
さやいんげん……10本
バター……10g

A
おろしにんにく……小さじ1/4
砂糖……大さじ1/2
片栗粉……小さじ2
めんつゆ（3倍濃縮）……大さじ4
水……大さじ1

作り方

1. ささみは筋を取ってひと口大のそぎ切りにし、ボウルでAと混ぜ合わせて15分漬ける。いんげんはサッと洗ってラップで包み、電子レンジで1分加熱する。
2. 20cm四方のアルミホイルを2枚用意してサラダ油適量（分量外）を塗り、1、バターを半量ずつのせ、中心で合わせて閉じる。
3. グリルの網に2をのせ、強めの中火で8〜10分焼く。

〈片面焼き〉 強火で3分予熱し、網に2をのせて強火で15〜18分焼く。

Point

ささみは繊維を断つようにそぎ切りにすると、味がしみて柔らかく仕上がる。

鶏ささみとマッシュルームのオリーブ塩麹焼き

オリーブ×塩麹のたれで旨味たっぷり、しっとり食感

材料 2人分

鶏ささみ……4本（200g）
ブラウンマッシュルーム……6個
イタリアンパセリ（みじん切り）……適量

A
- ブラックオリーブ（みじん切り）……10個分
- おろしにんにく……少々
- 塩麹……大さじ3
- オリーブオイル……大さじ1
- 酒……小さじ1

作り方

1 マッシュルームは薄切りにする。ささみは筋を取ってひと口大のそぎ切りにし、ボウルで**A**と混ぜ合わせて15分漬ける。

2 20㎝四方のアルミホイルを2枚用意してオリーブオイル適量（分量外）を塗り、**1**を半量ずつのせ、中心で合わせて閉じる。

3 グリルの網に**2**をのせ、強めの中火で8分焼く。皿に盛り、パセリをふる。

〈片面焼き〉 強火で3分予熱し、網に**2**をのせて強火で15～18分焼く。

タイ風グリルポーク

ミントの清涼感でジューシーな豚肉がさっぱり食べられる

材料 2人分

豚肩ロース肉……2枚（260g）
ミントの葉……1パック分

A｜片栗粉……小さじ1
豆板醤、おろしにんにく……各小さじ1/4
砂糖、ナンプラー……各大さじ1 1/2
オリーブオイル……大さじ1/2
水……大さじ1

［レタスのグリル］
レタス……1/6個分
B｜塩、オリーブオイル……各少々

Point

レタスの火通りが早い場合は先に取り出す。

作り方

1 豚肉は筋切りをして(a)包丁の背でたたく(b)。ミントの1/3量をみじん切りにし、ボウルで**A**、豚肉と混ぜて15分漬ける。レタスは縦半分に切り、**B**をまぶす。

2 グリルの網の奥にアルミホイルを敷いてオリーブオイル適量（分量外）を塗り、箸などで6～8か所に穴を開ける。奥に豚肉、手前にレタスをのせて弱火で9分焼く。

3 豚肉は食べやすく切ってレタスとともに器に盛り、残りのミントを添える。

〈片面焼き〉奥に豚肉、手前にレタスをのせて弱火で8分、豚肉を裏返して5分焼く。

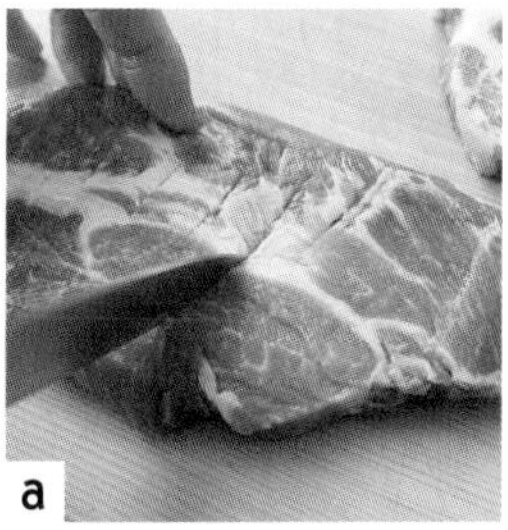

a

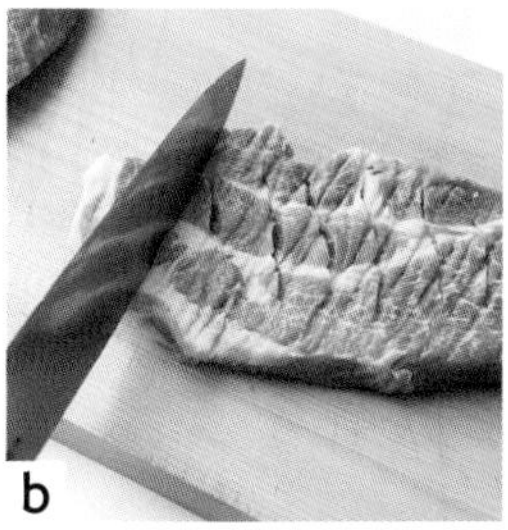

b

みそマリネ ローストポーク

はちみつ入りのみそで豚肉がしっとり柔らか！
香ばしいかぶは、とろける甘さ

材料 2人分

豚肩ロース肉……2枚（260g）
かぶ……2個

A
- みそ……大さじ$2\frac{1}{2}$
- はちみつ……大さじ$1\frac{1}{2}$
- オリーブオイル、酒……各大さじ1
- 片栗粉、しょうゆ……各小さじ1

作り方

1. かぶは茎を切り分けて、皮付きのまま縦6等分に切る。豚肉は筋切りをして包丁の背でたたく。ボウルでかぶ、豚肉、**A**を混ぜ合わせて15分漬ける。
2. グリルの網にアルミホイルを敷いてオリーブオイル適量（分量外）を塗り、箸などで6～8か所に穴を開ける。奥から豚肉、かぶ、かぶの茎をのせて弱火で5～6分焼く。
3. 茎、かぶを焼けた順に取り出し、さらに5分、強火で1分焼く。

〈片面焼き〉弱火で8分焼く。茎、かぶを焼けた順に取り出し、豚肉を裏返して5分焼く。

豚肉の梅ポン酢焼き

まるで炒め合わせたような豚肉ときゅうりの一体感！

材料 2人分

豚肩ロース肉……2枚（260g）
きゅうり……1本

A
- 塩……小さじ1/4
- 黒こしょう……適量

B
- 塩……ひとつまみ
- サラダ油……小さじ1

C
- 梅干し……2〜3個
- 白すりごま……大さじ1
- 砂糖……小さじ1/4
- オリーブオイル、ポン酢じょうゆ……各大さじ1/2

作り方

1. きゅうりはピーラーでしま目に皮をむいて乱切りにし、**B**をまぶしてアルミカップに入れる。豚肉は筋切りをして包丁の背でたたき、**A**をふる。
2. グリルの網にサラダ油適量（分量外）を塗り、奥に豚肉、手前にきゅうりをのせて弱火で10分、強火で1分焼く。豚肉は食べやすくそぎ切りにする。
3. ボウルに**C**を混ぜて、**2**をあえる。

〈片面焼き〉 弱火で8分、豚肉を裏返して弱火で5分焼く。

Point

梅干しの酸味が強い場合は、砂糖で味をととのえる。

ハニーマスタードスペアリブ

ボリューム満点の骨付き肉！　ジューシーな焼きたてを味わって

材料 2人分

豚スペアリブ……450g

A
- おろしにんにく……小さじ $\frac{1}{2}$
- しょうゆ、はちみつ……各大さじ1 $\frac{1}{2}$
- オリーブオイル……大さじ $\frac{1}{2}$
- フレンチマスタード……小さじ2
- 塩……小さじ $\frac{1}{2}$

［れんこんのグリル］

れんこん……130g

B
- 塩……少々
- オリーブオイル……大さじ1

作り方

1 ボウルに**A**を混ぜ、フォークで数か所穴を開けたスペアリブをからめて15分漬ける。れんこんは厚さ1cmの輪切りにし、**B**をまぶす。

2 グリルの網にオリーブオイル適量（分量外）を塗り、奥にスペアリブ、手前にれんこんをのせる。弱火で7分焼いてれんこんを取り出し、さらに6～8分焼く。

〈片面焼き〉 中火で7分半焼き、裏返して7分半焼く。れんこんが焦げそうになったら先に取り出す。

Point

- スペアリブのサイズがバラバラの場合、先に小さいものを取り出して大きいものは長めに焼く。
- 途中、焦げそうになったらアルミホイルをかぶせる。

豚肉のアップルガーリックソース

りんご入りの漬け汁で肉が柔らか♪ 食欲をそそるにんにく風味

材料 2人分

豚ロース薄切り肉（焼き肉用）……200g
黒こしょう……適量

A
- りんご（すりおろし）……1/4個分
- おろしにんにく……小さじ1/4
- しょうゆ、オリーブオイル……各大さじ1
- 砂糖……小さじ1/2
- 塩……小さじ1/3

［キャベツのグリル］
キャベツ……1/6個

B
- 塩……小さじ1/4
- オリーブオイル……大さじ1/2

作り方

1 ボウルに**A**を混ぜ、豚肉をからめて15分漬ける。キャベツは芯をつけたまま縦半分に切り、**B**をまぶす。

2 グリルの網の奥にキャベツ、手前にアルミホイルを敷いて箸などで6～8か所に穴を開けて豚肉をのせ、弱火で10分焼く。皿に盛り、黒こしょうをふる。

〈片面焼き〉 弱火で12～13分焼いてキャベツを取り出し、さらに強火で1分焼く。

Point

- 豚肉は重ならないように並べると均一に焼ける。
- キャベツが焦げそうなら、アルミホイルをかぶせる。

豚肉のピリピリソース

ポルトガル料理の〝ピリピリ〟を
一味唐辛子でごはんがすすむ辛さに

材料 2人分

豚ロース薄切り肉（焼き肉用）……200g
赤パプリカ……1/4個
クレソン（あれば好みで）……適量

A
- おろしにんにく、ドライバジル、砂糖、塩……各小さじ1/2
- 白ワインビネガー、オリーブオイル……各大さじ1/2
- 一味唐辛子……少々

作り方

1 パプリカはみじん切りにしてボウルで**A**と混ぜ合わせ、豚肉をからめて15分漬ける。

2 グリルの網にアルミホイルを敷いて箸などで6～8か所に穴を開けて**1**をのせ、中火で5～6分焼く。皿に盛り、クレソンを添える。

〈片面焼き〉 中火で5分、裏返して2～3分焼く。

豚バラ肉の野菜巻き

野菜ぎっしりがうれしい♪ ひと口サイズに切れば食べやすく、お弁当にも◎

材料 2人分

豚バラしゃぶしゃぶ用肉
……250g

豆苗……$\frac{1}{2}$袋

えのきたけ……$\frac{1}{2}$パック（50g）

塩、黒こしょう……各少々

ポン酢じょうゆ、おろしわさび
……各適量

作り方

1 豆苗は根元を落とし、えのきたけは石づきを取って軽くほぐす。

2 豚肉の$\frac{1}{4}$量を並べ、豆苗の半量をのせてきつめに巻く。豆苗の上部と下部を交互に置くと巻きやすい（a）。巻き終わりを押さえて塩、黒こしょうをまぶす。同様に豆苗で1本、えのきたけで2本作る。

3 グリルの網にサラダ油適量（分量外）を塗って**2**の巻き終わりを下にしてのせ、焼き目がつくまで中火で8分焼く（b）。食べやすく切って皿に盛り、ポン酢やわさびをつけていただく。

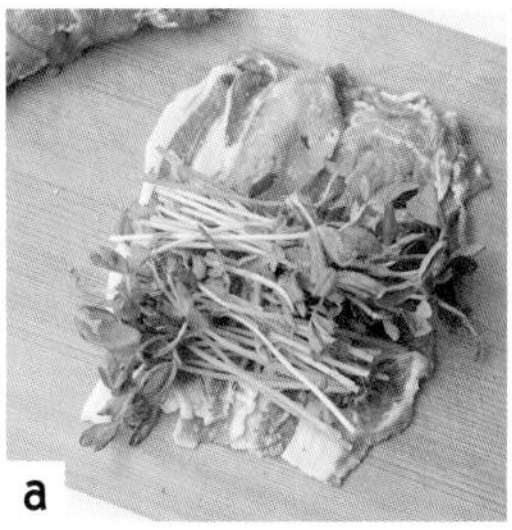
a

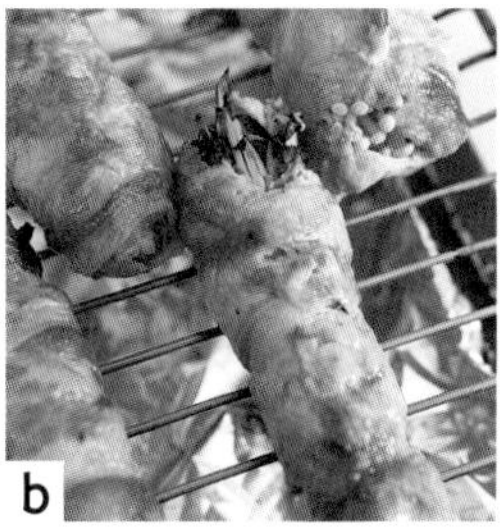
b

〈片面焼き〉網に**2**の巻き終わりを上にしてのせ、弱火で6分、裏返して6分、中火で2分焼く。

Point

豚肉は端を少し重ねながら並べると、焼いたときに密着する。

洋食屋さんのハンバーグ

肉汁を閉じ込められるグリル焼き！
こんがり焼いた野菜は甘みがギュッ

材料 2人分

合いびき肉……250g
玉ねぎ（みじん切り）……1/4個分（60g）

A
- パン粉……大さじ5
- 卵……1個
- 牛乳……大さじ3
- 塩……小さじ1/4
- 黒こしょう、ナツメグ……各少々

［根菜のグリル］
じゃがいも……1個（130g）
にんじん……1/3本

B
- 塩……小さじ1/4
- オリーブオイル……大さじ1/2

［ソース］

C
- ウスターソース……大さじ1 1/2
- ケチャップ……大さじ2
- 酒……大さじ1/2
- しょうゆ、砂糖……各小さじ1

バター……10g

ナツメグ
甘く刺激的な香りで、肉料理や乳製品と相性がいいスパイス。加熱すると甘みが引き立つ。

Point
途中、野菜に火が通ったら先に取り出す。

作り方

1 玉ねぎはボウルでひき肉、**A**とよく混ぜ合わせ、2等分してキャッチボールをするように空気を抜いて楕円形にまとめる（a）。じゃがいも、にんじんは8㎜の厚さの輪切りにして、**B**をまぶす。

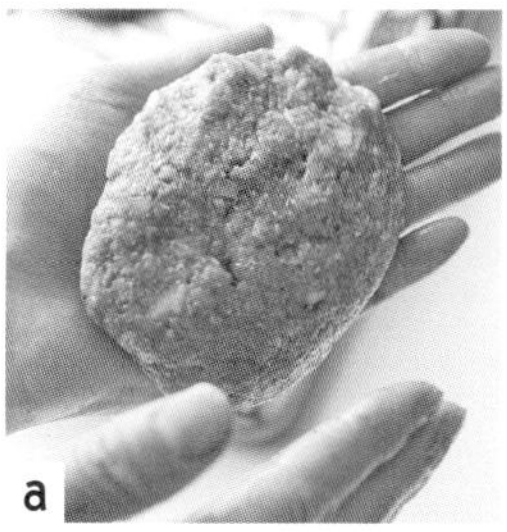
a

2 グリルの網にアルミホイルを敷いてオリーブオイル適量（分量外）を塗り、箸などで6〜8か所に穴を開ける。奥にハンバーグ、手前に野菜をのせて弱めの中火で10分焼く。

3 耐熱容器に**C**を混ぜてラップをせずに電子レンジで1分半加熱し、バターを混ぜてとろみをつける。皿に**2**を盛り、ソースをかける。

〈片面焼き〉中火で8分、ハンバーグを裏返して6〜7分焼く。

和風えのきハンバーグ

肉だねに刻んだきのこをたっぷり入れてヘルシーに！

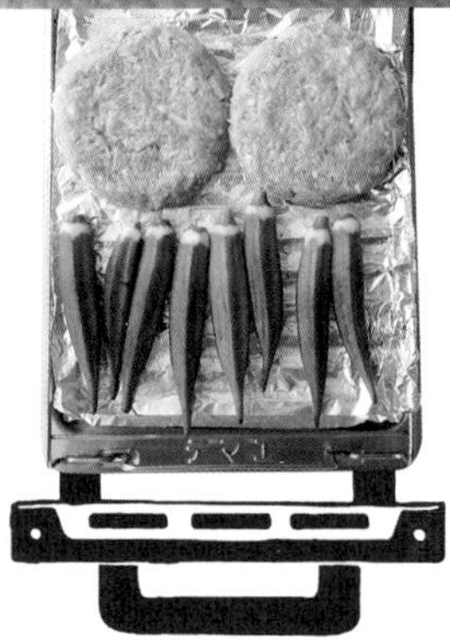

材料 2人分/8個

豚ひき肉……150g
玉ねぎ……1/4個（60g）
えのきたけ……1/2袋
オクラ……8本

A
パン粉……大さじ3
卵……1個
ごま油……小さじ1
塩……小さじ1/4
黒こしょう……適量

B
塩……少々
オリーブ油……小さじ1

C
大根おろし（軽く汁けをきる）……大さじ4
ポン酢じょうゆ……大さじ2
水……大さじ1
砂糖、しょうゆ、ごま油……各小さじ1

作り方

1 玉ねぎ、えのきたけはみじん切りにし、ボウルでひき肉、**A**と混ぜ合わせ、2等分して円形にまとめる。オクラは塩少々（分量外）で板ずりして洗い、**B**をまぶす。

2 グリルの網にアルミホイルを敷いてオリーブオイル適量（分量外）を塗り、箸などで6～8か所に穴を開ける。奥にハンバーグ、手前にオクラをのせる。弱めの中火で6分焼いてオクラを取り出し、さらに4分焼く。

3 耐熱容器に**C**を混ぜ、ラップをせずに電子レンジで1分加熱する。皿に**2**を盛り、ソースをかける。

〈片面焼き〉 中火で5分焼いてオクラを取り出し、さらに3分、ハンバーグを裏返して5分焼く。

おそれいりますが
切手を
お貼りください

post card

104-8357

東京都中央区京橋3-5-7
(株) 主婦と生活社 料理編集

『ほったらかし
魚焼きグリルおかず』係行

〒　　　－

ご住所

お電話　　　　(　　　)

フリガナ
お名前　　　　男・女　年齢　　歳

ご職業　1. 主婦　2. 会社員　3. 自営業　4. 学生　5. その他(　　　)

未婚・既婚(　　)年

家族構成(年齢)

『ほったらかし魚焼きグリルおかず』はいかがでしたか？ 今後の企画の参考にさせていただくため、アンケートにご協力ください。

＊お答えいただいた方、先着100名様の中から抽選で20名様に、小社刊行物（料理本）をプレゼントいたします（刊行物の指定はできませんので、ご了承ください）。当選者の発表は、賞品の発送をもってかえさせていただきます。

Q1 この本を購入された理由は何ですか？

Q2 この本の中で「作りたい」と思った料理を3つお書きください。

（　　　）ページの（　　　　　　　　　　　　　　　　　　）
（　　　）ページの（　　　　　　　　　　　　　　　　　　）
（　　　）ページの（　　　　　　　　　　　　　　　　　　）

Q3 この本の表紙・内容・ページ数・価格のバランスはいかがですか？

Q4 あなたが好きな料理研究家と、その理由を教えてください。

Q5 フォローされている料理関連のSNS（Instagram、YouTube、X）で、特にお気に入りのアカウント名と、その理由を教えてください。

Q6 この本についてのご意見、ご感想をお聞かせください。

＊ご協力ありがとうございました＊

ベトナム風肉だんご

ふわっと旨味たっぷりの小粒の肉だんごを葉野菜で巻いてパクッ

材料 2人分／8個

豚ひき肉……150g
万能ねぎ（小口切り）……6本分
A
- しょうが（みじん切り）……1/2かけ分
- 片栗粉……大さじ1/2
- ナンプラー、酒、ごま油……各小さじ1
- 砂糖……小さじ1/4

サニーレタス、大葉……各適量

［たれ］
酢……小さじ2
ナンプラー、砂糖……各小さじ1/2
豆板醤……少々

作り方

1 ボウルでひき肉、万能ねぎ、**A**をよく混ぜ合わせ、8等分して俵形にする。

2 グリルの網にアルミホイルを敷いてサラダ油適量（分量外）を塗り、箸などで6～8か所に穴を開ける。**1**をのせて中火で5分焼く。

3 皿に**2**を盛り、［たれ］は混ぜて小皿で添える。サニーレタスと大葉で肉だんごを巻き、たれをつけていただく。

〈片面焼き〉 弱めの中火で5分、肉だんごを裏返して2分焼く。

トマトのファルシー

甘酸っぱいトマトに、ソーセージ入りの肉だねをたっぷり詰めて

材料 6個分

鶏ひき肉……150g
ソーセージ……2本
トマト……中3個
ベビーリーフ……適量
A パン粉……大さじ2
粉チーズ……大さじ1
ドライバジル……小さじ1
塩……小さじ$\frac{1}{3}$
黒こしょう……適量

作り方

1 トマトは半分に切り、スプーンでくりぬく。1個分の中身だけ種を取り除き、細かく刻む(a)。ソーセージは縦4等分にして厚さ5㎜に切る。

2 ボウルでひき肉、刻んだトマト、ソーセージ、**A**を混ぜ合わせ、トマトに詰める(b)。

3 グリルの網にアルミホイルを敷いてオリーブオイル適量（分量外）を塗り、箸などで6～8か所に穴を開ける。**2**をのせて中火で6～8分焼く。皿に盛り、ベビーリーフを添える。

〈片面焼き〉弱火で15分焼く（焦げそうならアルミホイルをかぶせる）。

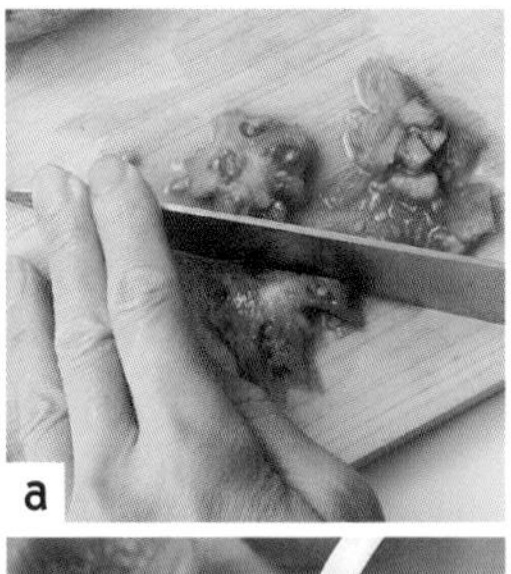
a

b

Point

完熟トマトよりも硬めのものを選ぶと作りやすい。

丸ごとピーマンの肉詰め

ピーマンと肉だねがはがれず焼けるのはグリルのおかげ♪

材料 6個分

豚ひき肉……200g
ピーマン……6個
長ねぎ……1/3本

A おろししょうが……小さじ1/4
しょうゆ、みそ、片栗粉、酒……各小さじ2

B 白すりごま……大さじ2
ごま油……大さじ1
砂糖……小さじ1/2
オイスターソース……小さじ1
水……大さじ1/2

作り方

1 長ねぎはみじん切りにし、ボウルでひき肉、**A**と混ぜ合わせる。ピーマンのヘタと種を取り、肉だねを6等分して詰める(a)。

2 グリルの網にサラダ油適量(分量外)を塗り、**1**をのせて弱火で10分焼く。皿に盛り、混ぜ合わせた**B**をかける。

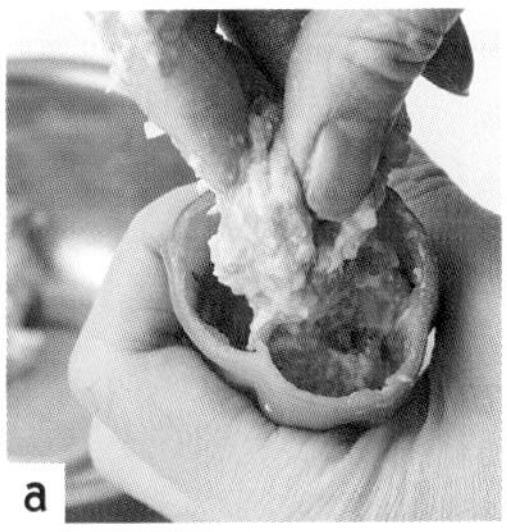
a

〈片面焼き〉 弱火で15分焼く。

Point

肉だねは一度に詰めず、3回に分けて詰めると空気が入りにくくなる。

揚げないメンチカツ

焼きたてサックサク！
まとめて大きめサイズで焼いて時短&ジューシー

材料 2人分

（15×15×深さ4cmのアルミホイル型）

合いびき肉……150g
玉ねぎ……1/4個
ピーマン……1個

A | 片栗粉……大さじ1
ウスターソース……小さじ1
塩……小さじ1/4
おろしにんにく、黒こしょう……各少々

B | パン粉……大さじ6
サラダ油……大さじ2

［ソース］
中濃ソース……大さじ2
粒マスタード……小さじ1

［ズッキーニのグリル］
ズッキーニ……1/2本

C | オリーブオイル……小さじ1
塩……ひとつまみ

Point

アルミホイル型の代わりに耐熱容器でもOK。

作り方

1 玉ねぎ、ピーマンはみじん切りにし、ボウルでひき肉、**A**と混ぜ合わせる。ズッキーニは厚さ7mmの輪切りにし、**C**をまぶす。**B**は混ぜる。

2 アルミホイルを二重にして型を作り（カバー折り返し参照）、内側にオリーブオイル適量（分量外）を塗って肉だねを敷き詰める（a）。

3 グリルの網の中央に**2**、その上下にズッキーニをのせる。弱火で5〜6分焼いて、肉だねに**B**をかけて弱めの中火で1〜2分、焼き目がつくまで焼く（b）。食べやすく切って皿に盛り［ソース］を混ぜてかけ、ズッキーニを添える。

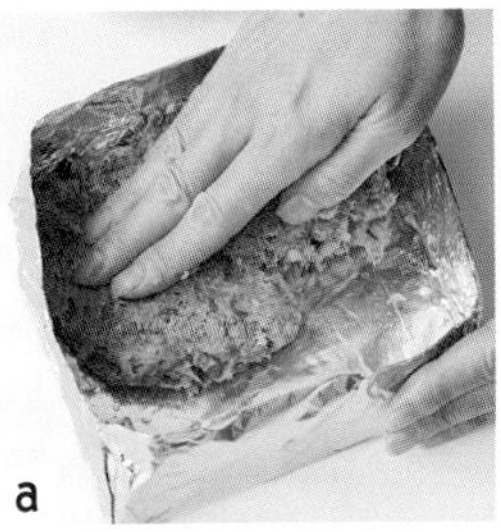
a

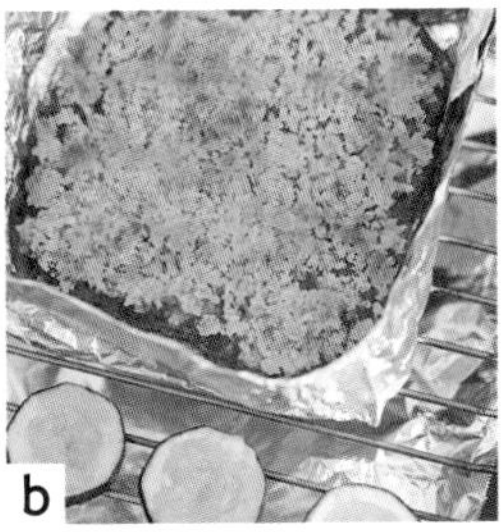
b

〈片面焼き〉 弱火で8〜10分焼いて（焦げそうになったらアルミホイルをかぶせる）、肉だねに**B**をかけて、さらに1分焼く。

トッカルビ

しっかりした肉の食感！
ごはんが止まらないピリ辛しょうゆ味

材料 2人分/4個

牛薄切り肉……200g
長ねぎ……1/3本
大葉……5枚

A
- 白いりごま……大さじ1/2
- おろしにんにく……小さじ1/4
- しょうゆ、酒、コチュジャン……各大さじ1/2
- 片栗粉、ごま油……各小さじ1
- 砂糖……小さじ1/2

大根おろし……適量

［焼きしいたけと春菊のサラダ］
生しいたけ……3個
春菊……1/2束
ごま油……大さじ1/2

B
- ごま油……大さじ1
- 酢……小さじ1/2
- 塩……ひとつまみ
- 砂糖……ふたつまみ

作り方

1 しいたけは厚さ7㎜に切って、アルミカップでごま油と混ぜる。長ねぎ、大葉はみじん切り、牛肉は細かく刻み、ボウルで**A**と混ぜ合わせて4等分に丸める。

2 グリルの網にアルミホイルを敷いてサラダ油適量（分量外）を塗り、箸などで6～8か所に穴を開ける。奥にしいたけ、手前に肉だねをのせる。弱火で3～4分焼いてしいたけを取り出し、さらに5～6分焼く。

3 春菊は茎を斜め切り、葉を長さ3㎝のざく切りにし、しいたけとともに**B**を混ぜたボウルであえる。皿にトッカルビとサラダを盛り、大根おろしを添える。

〈片面焼き〉 弱火で3分焼いてしいたけを取り出し、さらに5分、肉だねを裏返して5分焼く。

Point

春菊は水菜や豆苗に代えてもおいしく作れる。

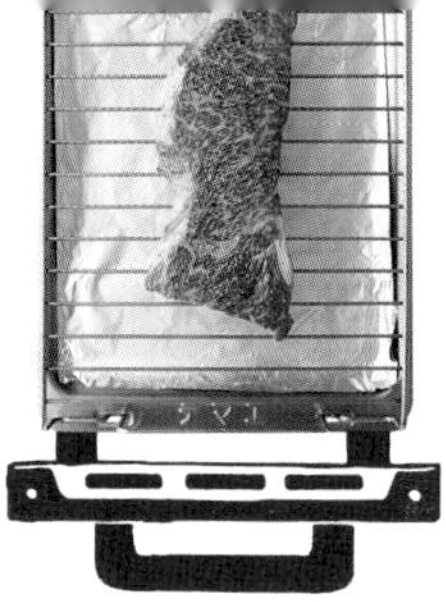

ステーキ肉のたたき

余熱で火を通すので簡単に美しいロゼ色に！
特売の牛肉でもしっとり

材料 2人分

牛肉（ステーキ用）……1枚（200g）

A 塩……小さじ1/4
黒こしょう……少々

B 赤ワイン、めんつゆ（3倍濃縮）
……各大さじ2
砂糖……小さじ1/2
にんにく（薄切り）……1/2かけ分

かいわれ菜、おろしわさび
……各適量

作り方

1. 牛肉は15分置いて室温に戻し、**A**をまぶす。グリルの網にサラダ油適量（分量外）を塗り、強火で4〜6分焼く（好みの焼き加減でOK）。取り出してアルミホイルで包み、5分置く。
2. 耐熱ボウルで**B**を混ぜ、ラップをせずに電子レンジで1分半加熱する。
3. 密閉袋に**1**、**2**を入れて30分ほど漬ける。食べやすく切って器に盛り、漬け汁、かいわれ菜、わさびを添える。

〈片面焼き〉強火で3分予熱し、強火で2分、裏返して2分焼く。

牛肉の野菜ナムル焼き

肉と野菜を一緒に蒸し焼き！
香ばしいたれがしっかりなじむ

材料 2人分

牛カルビ肉（焼き肉用）……200g
にら……1/2束
もやし……1/2袋

A 白いりごま……大さじ1/2
おろしにんにく……小さじ1/2
砂糖、しょうゆ……各大さじ1
ごま油、水……各大さじ1/2
塩……小さじ1/4

一味唐辛子……少々

作り方

1. ボウルに**A**を混ぜ、牛肉をからめて10分置く。にらは長さ3cmに切る。
2. 20cm四方のアルミホイルを2枚用意し、**1**、もやしを半量ずつのせ、中心で合わせて閉じる。
3. グリルの網に**2**をのせ、強めの中火で8分焼いて皿に盛り、一味唐辛子をふる。

〈片面焼き〉強火で3分予熱し、網に**2**をのせて強火で15分焼く。

ふんわりミートローフ

オーブンを使わず気軽に作れるごちそうメニュー

材料 2人分

合いびき肉……150g
木綿豆腐……100g
にんじん……3cm（30g）
玉ねぎ……30g
大葉……10枚
うずらの卵（水煮）……6個

A
- パン粉……大さじ2
- 黒いりごま……小さじ2
- しょうゆ……大さじ1/2
- ごま油……小さじ1
- 塩……小さじ1/4
- 砂糖、黒こしょう……各少々

［ブロッコリーのグリル］

ブロッコリー……1/2株

B
- 塩……少々
- オリーブオイル……大さじ1/2

作り方

1 にんじん、玉ねぎ、大葉はみじん切りにし、ボウルでひき肉、豆腐、**A**とよく混ぜ合わせる。ブロッコリーは小房に分けて**B**をまぶす。

2 アルミホイルにオリーブオイル適量（分量外）を薄く塗る。肉だねの半量をのせ、細長くまとめてうずらの卵を並べ、残りの肉だねを包むようにかぶせていく（a）。厚さ3cmほどにまとめたら（b）、キャンディー状に包む。

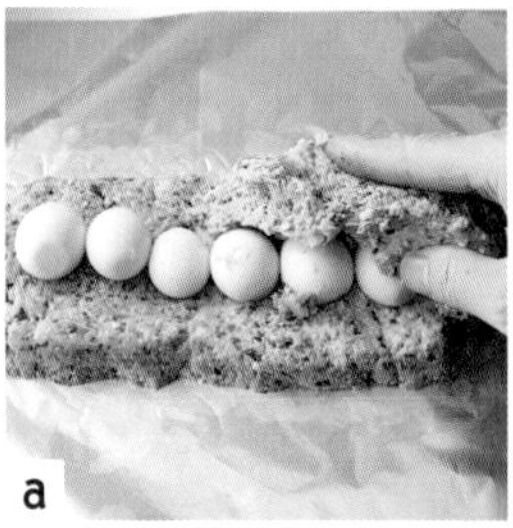
a

b

3 グリルの網の奥に**2**、手前にブロッコリーをのせ、強めの中火で5分焼いてブロッコリーを取り出し、さらに7〜8分焼いてアルミホイルを少し開き、強火で1分焼く。食べやすく切って器に盛り、ブロッコリーを添える。

〈片面焼き〉 強火で3分予熱し、網の奥に巻き終わりを下にした**2**、手前にブロッコリーをのせる。強めの中火で5分焼いてブロッコリーを取り出し、さらに5分、裏返して10分、アルミホイルを開いて強火で2分焼く。

column 2 ほったらかし魚焼きグリルピザ

チチニエリピザ→P51

ソーセージとコーンのカレーピザ→P51

エビとねぎのタイ風ピザ→P52

ツナとキャベツのみそマヨ包みピザ→P52

窯焼きにも負けない本格薄焼き

基本のピザ生地

材料 ピザ1枚分

A
- 強力粉……50g
- 薄力粉……20g
- ベーキングパウダー、砂糖……各小さじ1
- 塩……少々

B
- プレーンヨーグルト……大さじ2
- オリーブオイル……大さじ1/2
- 水……小さじ2

Point

・ヨーグルトはホエー（透明の液体）を除いて計量する。

・こね始めの生地が手についても、しっかりこねるとまとまってくる。

作り方

ボウルに**A**を入れて菜箸で混ぜ、中心にくぼみを作って**B**を加え、菜箸で混ぜる。

全体がなじんだら手でこねてまとめる。

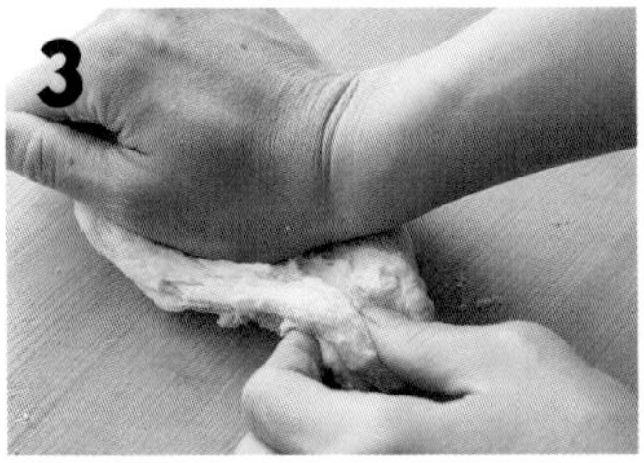

まな板の上で**2**を親指の付け根で押しつけるようにしてのばす。

繰り返しこねて手に生地がつかなくなったら、ラップで包み20分ほど室温で寝かせる。

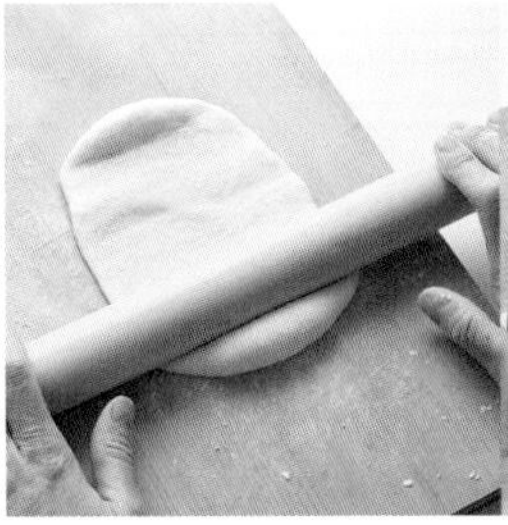

まな板と麺棒に薄力粉（分量外）をして**4**を丸く整え、真ん中から上、真ん中から下を麺棒でのばす（上端と下端はのばしきらずに残す）。

グリルと同程度の長さになったら90度向きを変え、グリルの幅に合わせてのばす（縦18×横23cm程度）。

四辺を1cmほど内側に折る。

フォークで全体に穴を開ける。

チチニエリピザ

チチニエリはイタリア語で小魚のこと。
しらすにトマトが合う♪

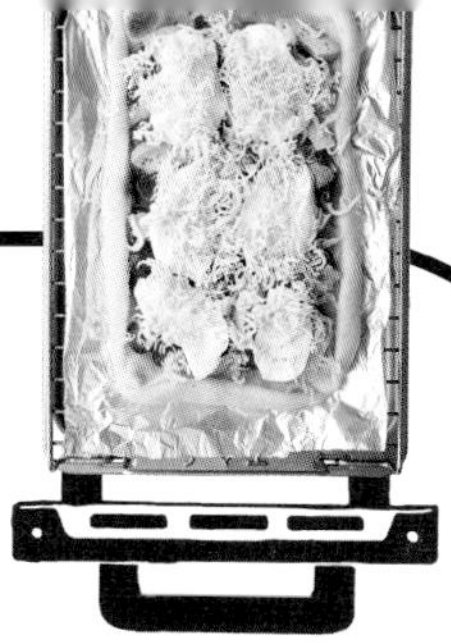

材料 1枚分

(焼き上がり：縦15×横20cm)

基本のピザ生地……1枚
しらす干し……大さじ5
ミニトマト……7個
アボカド……1/2個
モッツァレラチーズ……1/2個
A オリーブオイル……小さじ1
塩、おろしにんにく……各少々
ドライオレガノ……小さじ1/4
オリーブオイル……適量

作り方

1 ミニトマトは8等分に切って、ボウルで**A**と混ぜる。アボカドとチーズは、それぞれ厚さ5㎜に切る。

2 グリルの網にアルミホイルを敷いて箸などで6～8か所に穴を開ける。生地をのせ、弱火で3分焼く。**1**を全体に散らし、しらすをかけ、弱めの中火で2～3分焼く。

3 器に盛り、オリーブオイルを回しかける。

〈片面焼き〉 生地を弱火で4分、裏返して1分焼き、表側に具材をのせて弱めの中火で3～4分焼く。

Point

生地だけ先に素焼きしてから具をのせて焼くことでカリッとした食感に仕上がる。

ソーセージとコーンのカレーピザ

大人も子どもも大好き！
スパイシーな香りが食欲をそそる

材料 1枚分

(焼き上がり：縦15×横20cm)

基本のピザ生地……1枚
ソーセージ……3本
マッシュルーム……2個
コーン缶(ホール)……1/2缶(190g)
ピザ用チーズ……大さじ4
A カレールウ……1かけ(20g)
牛乳……70mℓ
砂糖……小さじ1/4

作り方

1 耐熱容器に**A**を入れ、ラップをせずに電子レンジで1分半加熱して混ぜ、粗熱をとる。ソーセージは厚さ5㎜の輪切り、マッシュルームは薄切りにする。

2 グリルの網にアルミホイルを敷いて箸などで6～8か所に穴を開ける。生地をのせ、弱火で3分焼く。**A**を塗って、ソーセージ、マッシュルーム、コーンを全体に散らし、チーズをかける。弱めの中火で2～3分焼く。

〈片面焼き〉 生地を弱火で4分、裏返して1分焼き、表側に具材をのせて弱めの中火で3～4分焼く。

エビとねぎのタイ風ピザ

豆板醤入りのピリ辛ピザソース☆
思わずビールがほしくなる

材料　1枚分

(焼き上がり：縦15×横20cm)

基本のピザ生地……1枚
むきエビ……4〜6尾 (80g)
万能ねぎ (小口切り) ……1/3束分
きゅうり (薄い輪切り) ……1/2本分
香菜 (刻む) ……1株分
オリーブオイル……適量

A
サワークリーム……45g
豆板醤……小さじ1/4
ナンプラー……小さじ1
砂糖……大さじ1/2
片栗粉……小さじ1/2

作り方

1 エビは洗って水けを拭き、厚みを半分に切る。**A**は混ぜる。

2 グリルの網にアルミホイルを敷いて箸などで6〜8か所に穴を開ける。生地をのせ、弱火で3分焼く。**A**を塗ってきゅうり、エビ、万能ねぎを散らし、弱めの中火で2〜3分、エビに火が通るまで焼く。

3 器に盛り香菜をのせて、オリーブオイルを回しかける。

〈片面焼き〉 生地を弱火で4分、裏返して1分焼き、表側に具材をのせて弱めの中火で3〜4分焼く。

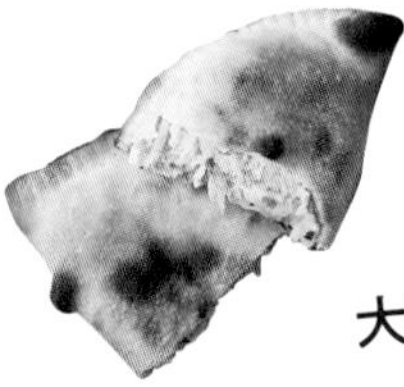

ツナとキャベツのみそマヨ包みピザ

大葉の香りがおいしさに直結！ 野菜たっぷりでヘルシー

材料　2個分

(焼き上がり：15cmの半円形)

基本のピザ生地……1枚
(＊P50 **4** の状態で使用)
キャベツ (せん切り) ……120g
ツナ缶……1/2缶 (35g)
塩……小さじ1/4
大葉……4枚

A
マヨネーズ……大さじ1
みそ……小さじ1/4
黒こしょう……適量

オリーブオイル……適量

作り方

1 キャベツは耐熱ボウルで塩と混ぜる。ふわっとラップをして電子レンジで2分半加熱する。粗熱がとれたら汁けをしぼり、ツナ、**A**と混ぜる。

2 生地は2等分して麺棒で丸くのばし、片側に大葉、**1**を半量ずつのせ (a) 半分に折る。閉じ口をフォークで押さえ (b)、表面にフォークで数か所に穴を開けてオリーブオイルを塗る。

3 グリルの網に **2** をのせ、弱火で6〜8分焼く。

a

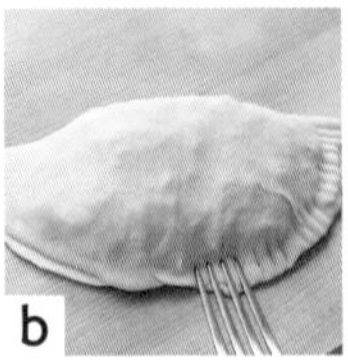

b

〈片面焼き〉 弱火で4分、裏返して4分焼く。

Point

両面焼きと片面焼き、どちらも途中でアルミホイルをかぶせて焦げないように焼く。

ほったらかし魚焼きグリル

Part 2

魚おかず

今までフライパンやオーブンで作っていた魚料理も、
グリルで焼けば、しっとり、ふっくら食感に。
中に挟んだポテトまでホクホクに仕上がるあじの挟み焼き、
とろーりグラタンやエスニック南蛮漬けなど、
いつもの塩焼きとひと味もふた味も違う魚アレンジは必見です。

鮭のちゃんちゃん焼き

ほっとする甘めのみそ味。
蒸し焼きで鮭はしっとり、野菜はクタッと柔らか

材料 2人分

生鮭の切り身……2切れ（200g）
キャベツ……2〜3枚（80g）
えのきたけ……$\frac{1}{2}$パック（50g）

A
- おろしにんにく……少々
- みそ……大さじ2
- 砂糖、酒、しょうゆ、水……各大さじ1
- ごま油……小さじ2

七味唐辛子……適量

作り方

1 キャベツは1.5cm幅のざく切り、えのきたけは石づきを取って食べやすくほぐす。鮭は水けを拭く。**A**は混ぜ合わせる。

2 20cm四方のアルミホイルを2枚用意し、鮭、キャベツ、えのきたけ、**A**を半量ずつのせ、中心で合わせて閉じる。

3 グリルの網に**2**をのせ、強めの中火で8〜10分焼く。皿に盛り、七味唐辛子をふる。

〈片面焼き〉強火で3分予熱し、網に**2**をのせて強火で10〜12分焼く。

鮭とまいたけの豆豉《トウチ》焼き

まいたけの豊かな香りと豆豉の旨味が鮭にしみ込む

材料 2人分

生鮭の切り身……2切れ（200g）
まいたけ……1パック（100g）
しょうが（せん切り）……1かけ分

A
豆豉……大さじ1/2
酒、しょうゆ、砂糖……各大さじ1
ごま油……小さじ2

豆豉《トウチ》
蒸した黒大豆に塩、麹などを加えて発酵させた中国の調味料。独特の風味と塩味がある。

作り方

1 鮭は水けを拭き、まいたけは食べやすくほぐす。**A**の豆豉は刻んで調味料と混ぜる。

2 20cm四方のアルミホイルを2枚用意し、**1**の鮭、まいたけ、しょうが、**A**を半量ずつのせ、中心で合わせて閉じる。

3 グリルの網に**2**をのせ、強めの中火で8～10分焼く。

〈片面焼き〉 強火で3分予熱し、網に**2**をのせて強火で10～12分焼く。

材料 2人分

生鮭の切り身……2切れ（200g）
バジルの葉……6枚

A
白みそ……大さじ2
酒……大さじ1/2
砂糖……小さじ1
片栗粉……小さじ1/4

［トマトサラダ］
トマト……1個

B
バジルの葉（ちぎる）……2枚分
塩……少々
オリーブオイル……大さじ1/2

作り方

1 鮭は水けを拭く。バジルは粗みじん切りにして、**A**と混ぜる。

2 トマトはひと口大に切って**B**とあえる。

3 グリルの網にアルミホイルを敷いてオリーブオイル適量（分量外）を塗り、箸などで6～8か所に穴を開ける。鮭をのせて中火で3分焼く。**1**の合わせ調味料を塗り、弱火で2分焼く。器に盛り、**2**を添える。

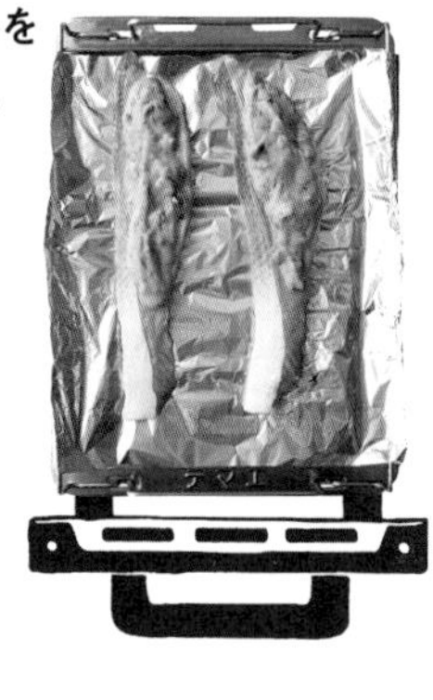

〈片面焼き〉 鮭を中火で3分焼いたら、裏返して**1**の合わせ調味料を塗り、弱火で2分焼く。

Point
白みそを普通のみそで代用するときは、みそ大さじ1＋砂糖大さじ1/2に。

鮭のバジルみそ焼き

西京漬けのような甘辛味を、ちょい足しバジルで洋風に

たらのアジアンごまだれ焼き

しっとり食感のたらにエスニックなたれでごはんがすすむ！

材料 2人分

生たらの切り身……2切れ（200g）
しめじ……1/2パック（50g）
香菜の葉（あれば好みで）……適量
A
おろしにんにく、赤唐辛子（小口切り）……各小さじ1/4
白すりごま……大さじ2
ナンプラー……大さじ1
酒、水……各大さじ1/2
砂糖、ごま油……各小さじ2

作り方

1. たらは水けを拭く。しめじは石づきを取り、小房に分ける。**A**は混ぜる。
2. 20㎝四方のアルミホイルを2枚用意し、たら、しめじ、**A**を半量ずつのせ、中心で合わせて閉じる。
3. グリルの網に**2**をのせ、強めの中火で8～10分焼く。皿に盛り、香菜を添える。

〈片面焼き〉 強火で3分予熱し、網に**2**をのせて強火で10～12分焼く。

銀だらのチリソース焼き

脂がのった濃厚な味わいの銀だらに甘辛ソースをきかせて

材料 2人分

銀だらの切り身……2切れ（200g）
長ねぎ……1/3本
ピーマン……1個
A
にんにく（みじん切り）……1/2かけ分
水……大さじ2
砂糖、しょうゆ、ケチャップ、オイスターソース……各小さじ2
片栗粉……小さじ1
豆板醤……小さじ1/4

作り方

1. 銀だらは水けを拭く。長ねぎは斜め薄切り、ピーマンは縦細切りにする。**A**は混ぜる。
2. 20㎝四方のアルミホイルを2枚用意し、銀だら、長ねぎ、ピーマン、**A**を半量ずつのせ、中心で合わせて閉じる。
3. グリルの網に**2**をのせ、強めの中火で8～9分焼く。

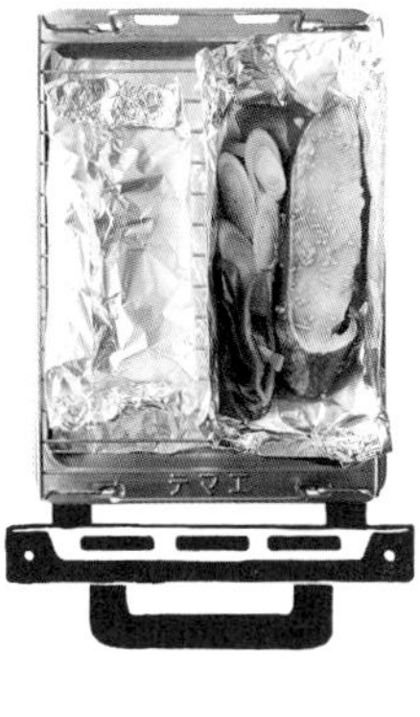

〈片面焼き〉 強火で3分予熱し、網に**2**をのせて強火で15～18分焼く。

たらのから揚げ

カリッと香ばしい焼きたてが絶品！ キャベツも手が止まらない

材料 2人分

生たらの切り身……2切れ（200g）

A
- おろししょうが、砂糖……各小さじ$\frac{1}{4}$
- しょうゆ……小さじ2
- 酒、ごま油……各小さじ1

片栗粉……大さじ2～3

サラダ油……小さじ3

［無限キャベツ］

キャベツ……$\frac{1}{8}$個（150g）

B
- ごま油……大さじ1
- 黒いりごま……大さじ1
- みそ……小さじ1

作り方

1 ボウルで**A**を混ぜ、たらは1切れを3等分に切って加え、混ぜ合わせて5分漬ける。

2 キャベツは細切りにして耐熱ボウルに入れ、混ぜた**B**と軽くあえる。ふわっとラップをして電子レンジで2～3分加熱し、しんなりしたらざっと混ぜる。

3 グリルの網にサラダ油を適量（分量外）塗る。**1**に片栗粉をまぶし、表面にサラダ油を小さじ$\frac{1}{2}$ずつたらしてのせ、強火で4～5分焼く。器に盛り、**2**を添える。

〈片面焼き〉 強めの中火で4分、裏返して3分焼く。

甘塩たらと餅のとろろグラタン

オーブンを使わずにすぐ焼ける、とろ〜り＆もちもち和風グラタン

材料 2人分

（縦18×横11×深さ3㎝の耐熱容器2個）

甘塩たらの切り身……1切れ（100g）
長いも……200g
万能ねぎ（小口切り）……8本分
切り餅……2個
A　めんつゆ（3倍濃縮）……大さじ$1\frac{1}{2}$
　　卵……1個

作り方

1 切り餅は縦半分にしてから横4等分に切って、耐熱容器に入れる。

2 たらは水けを拭いて2㎝幅に切る。長いもをすりおろしてボウルに入れ、たら、万能ねぎ、**A**を加えて混ぜる。

3 グリルの網に**1**をのせ中火で3分焼く。餅がふくらんできたら**2**を流し入れ、生地が固まるまで弱火で6分焼く。

〈片面焼き〉 網に**1**をのせて弱めの中火で5分焼く。餅がふくらんできたら**2**を流し入れ、弱火で7〜8分焼く。

Point
耐熱容器がなければアルミホイルを二重にした型（カバー折り返し参照）でもOK。型の内側にサラダ油を塗って使う。

塩さばのアクアパッツア

ふっくら食感のさばにあさりのだしがしみ込み、パンやワインとの相性抜群

材料 2人分

塩さば（三枚おろし・半身）……1枚（200g）
菜の花……$\frac{1}{2}$束
にんにく（薄切り）……$\frac{1}{2}$かけ分
ブラックオリーブ（種抜き）……4個
あさり（砂抜き済み）……50g
A 白ワイン、水……各大さじ2
　オリーブオイル……大さじ1
　ドライバジル……小さじ1
　塩……ひとつまみ
オリーブオイル、黒こしょう
　……各適量

作り方

1 菜の花は根元1cmを落として半分の長さに切り、オリーブは半分に切る。さばは半分に切って水けを拭き、皮目に1本切り込みを入れる。**A**は混ぜ合わせる。

2 20cm四方のアルミホイルを2枚用意し、さば、菜の花、オリーブ、にんにく、あさり、**A**を半量ずつのせ、中心で合わせて閉じる。

3 グリルの網に**2**をのせ、強めの中火で8～10分焼く。あさりの口が開いたら皿に盛り、オリーブオイルをかけて黒こしょうをふる。

〈片面焼き〉 強火で3分予熱し、網に**2**をのせて強火で15～18分焼く。

Point

野菜は、スナップえんどうやアスパラガスでもおいしく作れる。

さばと長いものクミン大葉焼き

グリルでフライのようなサクサク食感を再現！

材料 2人分

（縦21×横16×深さ3cmの耐熱容器）

さば（三枚おろし・半身）……1枚（200g）

長いも（1cm角の拍子木切り）……100g分

A
おろしにんにく……少々
しょうゆ……大さじ1/2
白ワイン、オリーブオイル……各小さじ1

B
塩……少々
オリーブオイル……大さじ1/2

C
パン粉……1/2カップ
クミンシード……小さじ1
オリーブオイル……大さじ3
大葉（みじん切り）……6枚分

クミンシード

インド料理に欠かせないスパイス。カレーを思わせるエキゾチックな芳香を持つ。

Point

- **C**はパン粉全体に油がなじむまで、しっかり混ぜる。
- 耐熱容器の代わりにアルミホイル型（カバー折り返し参照）でもOK。

作り方

1 長いもは**B**をまぶす。さばは水けを拭いて4等分に切り、ボウルで**A**をからめる。**C**は混ぜる。

2 耐熱容器の奥側に長いもを入れ、グリルの網にのせて中火で5分焼く。容器の手前側に皮面を上にしてさばを入れ、5分焼く。

3 **C**を全体にかけて、弱火で1～2分焼く。

〈片面焼き〉長いも入りの容器を網にのせて中火で5分焼き、皮面を下にしてさばを加え5分焼く。さばを裏返して3分、**B**をかけて弱火で1～2分焼く。

材料 2人分

さば（三枚おろし・半身）……1枚（200g）
なす……2本
きゅうり……1本
塩……少々

A
- ポン酢じょうゆ……大さじ1½
- ごま油……小さじ1
- 砂糖……小さじ½
- 塩、豆板醤……各少々

Point

魚はぶりや鮭でもおいしく作れる。

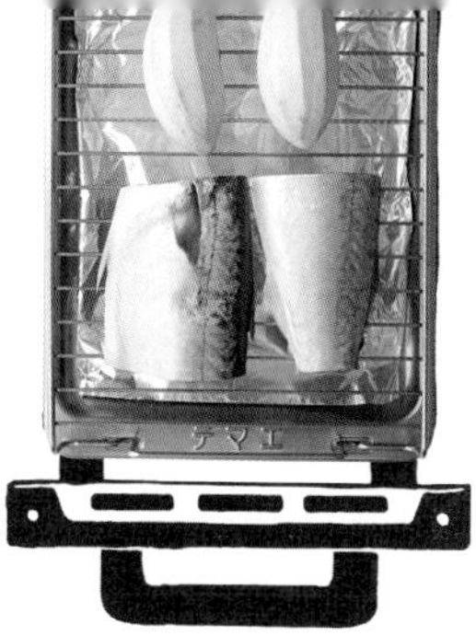

作り方

1. なすはピーラーで皮をむく。きゅうりはすりおろして軽く汁けをきり、**A**を混ぜる。さばは半分に切って水けを拭き、塩をふる。
2. グリルの網にサラダ油適量（分量外）を塗り、奥になすをのせて中火で7～8分焼き、手前にさばをのせて5分焼く。
3. なすの粗熱がとれたら3等分に割き、皿にさばとともに盛って、おろしきゅうりだれをかける。

〈片面焼き〉なすをのせて中火で5分、さばをのせて3分、なすとさばを裏返して3分焼く。

さばのピリ辛 おろしきゅうりがけ

豆板醤入りのさっぱりだれが香ばしく焼いたさばに合う

かじきの エスニック南蛮漬け

油で揚げずヘルシー！
漬け汁がよくからみ、野菜もたっぷり食べられる

材料 2人分

かじきの切り身……2切れ（200g）
にんじん……5cm
きゅうり……1/2本
片栗粉……大さじ3

A
- ごま油……大さじ1
- 酒……小さじ1
- 塩……少々

B
- おろしにんにく……小さじ1/8
- 赤唐辛子（小口切り）……小さじ1/4
- 水……大さじ2
- ナンプラー……大さじ1
- 砂糖……小さじ2
- 酢、ごま油……各小さじ1

香菜の葉……適量

作り方

1 にんじんはせん切り、きゅうりは斜め薄切りにしてからせん切りにする。耐熱ボウルに入れ、ふわっとラップをして電子レンジで1分半加熱し、混ぜた**B**と軽くあえる。

2 かじきは1切れを4等分に切って**A**をもみ込む。1つずつ片栗粉を薄くまぶす。

3 グリルの網にサラダ油適量（分量外）を塗り、**2**をのせて強火で4分焼く。**1**と混ぜ合わせて器に盛り、香菜を添える。

〈片面焼き〉 中火で6分、裏返して2分焼く。

かじきのスパイスナッツ焼き

淡泊な魚をカレーマヨのコク&香ばしいナッツでごちそうに

材料 2人分

かじきの切り身……2切れ（200g）
ヤングコーン……10本
オリーブオイル……大さじ$\frac{1}{2}$
素焼きミックスナッツ……大さじ3（30g）
塩……適量

A マヨネーズ……大さじ1$\frac{1}{2}$
牛乳……小さじ1
片栗粉……小さじ$\frac{1}{4}$
カレー粉、砂糖……各少々

作り方

1 ヤングコーンは、オリーブオイル、塩少々をからめる。

2 かじきは水けを拭いて塩少々をふり、ナッツは刻む。**A**は混ぜる。

3 アルミホイルにオリーブオイル適量（分量外）を塗り、箸などで6～8か所に穴を開ける。奥に**1**、手前にかじきをのせて中火で3分焼く。かじきに**A**を塗ってナッツをのせ、弱火で1～2分焼く。

〈片面焼き〉 中火で3～4分焼いたら裏返し、かじきに**A**を塗ってナッツをのせ、弱火で1～2分焼く。

Point

ナッツが焦げやすいので、様子を見てアルミホイルをかぶせて焼く。

ぶりの燻魚《シュンユイ》

魚を揚げて作る中国料理を
グリル焼きで簡単＆ヘルシーに

材料 2人分

ぶりの切り身……2切れ（200g）
水菜……$\frac{1}{2}$株
にんじん……3cm
片栗粉……大さじ3

A
塩、黒こしょう……各少々
酒……小さじ1
サラダ油……大さじ1

B
おろししょうが……小さじ$\frac{1}{4}$
おろしにんにく……少々
砂糖、しょうゆ……各大さじ1
水……大さじ$\frac{1}{2}$
紹興酒、酢……各小さじ1
五香粉《ウーシャンフェン》……少々

作り方

1. 水菜は長さ3cmに切り、にんじんはせん切りにして皿に敷く。ぶりは1切れを2〜3等分に切って**A**をもみ込み、1つずつ片栗粉を薄くまぶす。
2. グリルの網にサラダ油適量（分量外）を塗ってぶりをのせ、カリッとするまで強めの中火で6分焼く。
3. ボウルに**B**を混ぜて電子レンジで1分半加熱し、**2**をからめる。野菜の上に盛り、残った**B**をかける。

〈片面焼き〉弱めの中火で5分、カリッとしたら裏返して3〜5分焼く。

ぶりの青のりマヨ焼き

和風マヨネーズソースで
焼き魚をランクアップ

材料 2人分

ぶりの切り身……2切れ（200g）
塩……少々

A
マヨネーズ……大さじ2
青のり……小さじ1
酒……小さじ$\frac{1}{2}$
砂糖、片栗粉……各小さじ$\frac{1}{4}$

［アスパラガスのグリル］
グリーンアスパラガス……4本

B
塩……少々
オリーブオイル……小さじ1

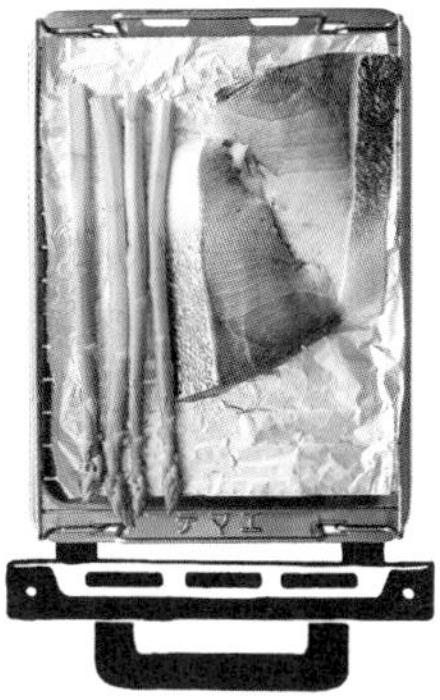

作り方

1. ぶりは水けを拭いて塩をふる。アスパラガスは根元を落とし、硬い部分の皮をピーラーでむいて**B**をまぶす。**A**は混ぜる。
2. グリルの網にアルミホイルを敷いてオリーブオイル適量（分量外）を塗り、箸などで6〜8か所に穴を開ける。左側にアスパラガス、右側にぶりをのせる。中火で4分、ぶりに**A**を塗って弱火で1〜2分焼く。

〈片面焼き〉中火で3〜4分焼き、ぶりを裏返して**A**を塗る。弱火で2〜3分焼く。

材料 2人分

いわし(開いたもの)……4尾分(400g)
おろしにんにく……小さじ1/4
ローズマリー(生・ちぎる)……1/2本分
レモン……1/4個
A 塩……少々
　オリーブオイル……大さじ1/2
塩……適量

［芽キャベツのグリル］
芽キャベツ……4個
B 塩……小さじ1/4
　オリーブオイル……大さじ1/2

作り方

1. 芽キャベツは縦半分に切って**B**をまぶす。いわしは水けを拭き、腹側におろしにんにくを塗って**A**をふり、ローズマリーをのせる。
2. グリルの網にアルミホイルを敷いてオリーブオイル適量(分量外)を塗り、箸などで6〜8か所に穴を開ける。奥に芽キャベツ、手前に皮面を下にしたいわしをのせて、弱火で4〜5分焼く。
3. 器に盛ってオリーブオイル適量(分量外)を回しかけ、レモンをしぼる。お好みで塩を添える。

〈片面焼き〉 弱火で6分、いわし、芽キャベツを裏返して2〜3分焼く。

いわしのハーブ焼き

さわやかなローズマリーの香りが白ワインにピッタリ♪

いわしのかば焼き丼

うなぎ超え!? 脂がのったいわしを上品な甘辛味でこんがりと

材料 2人分

いわし（三枚おろし）……3尾分（300g）
長ねぎ……1/2本
片栗粉……適量
塩……少々
A | 酒、サラダ油……各小さじ1
B | みりん……大さじ2
しょうゆ……大さじ1 1/2
酒、砂糖……各大さじ1
温かいごはん、粉山椒……各適量

粉山椒
完熟した山椒の外皮を乾燥させて粉末にしたもの。しびれるような辛みとさわやかな香りが特徴。

作り方

1 長ねぎは長さ3cmに切って塩をふる。いわしはAをからめて、片栗粉を薄くまぶす。

2 グリルの網にアルミホイルにサラダ油適量（分量外）を塗り、箸などで6～8か所に穴を開ける。奥に長ねぎ、手前にいわしをのせて弱火で5～6分焼く。

3 耐熱容器にBを混ぜてラップをせずに電子レンジで1分半加熱し、いわしをからめる。器にごはんを盛り、長ねぎといわしをのせて粉山椒をふる。

〈片面焼き〉長ねぎだけのせて弱火で3分、いわしをのせて5分焼き、長ねぎといわしを裏返して2～3分焼く。

Point
カリッと焼き上げるため、いわしに片栗粉をまぶしたらすぐに焼く。

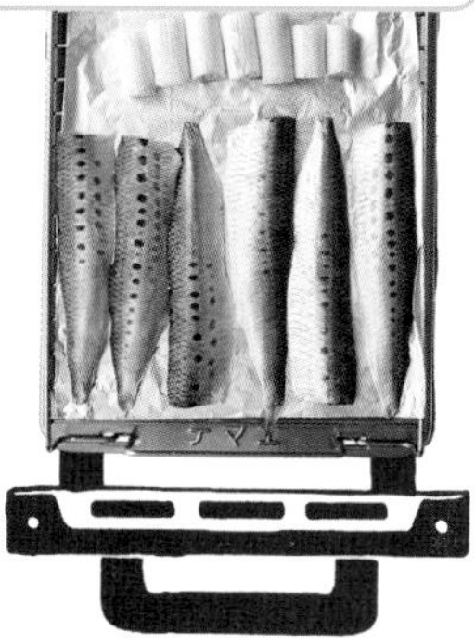

あじのポテトサンド

ホクホクのじゃがいもを挟んで タルタルを贅沢に添えた至福の一品

材料 2人分

あじ（背開きにしたもの）……2〜3尾分（300g）
じゃがいも……1個
オリーブオイル……少々

A
- 塩……少々
- ドライバジル……小さじ1/2
- オリーブオイル……小さじ1

B
- 塩、黒こしょう……各少々
- 白ワイン（または酒）……大さじ1/2
- 粒マスタード……小さじ1

C
- ゆで卵（みじん切り）……1個分
- 玉ねぎ（みじん切り）……大さじ1
- マヨネーズ……大さじ1 1/2
- 牛乳……小さじ1/2
- 砂糖……少々

作り方

1 じゃがいもは7㎜角の拍子木切りにして水に3分さらし、水けをきる。耐熱ボウルに水小さじ1（分量外）とともに入れ、ふわっとラップをして電子レンジで2分半〜3分加熱し、**A**を混ぜる。

2 あじは水けを拭いて**B**を上から順にふり、**1**を挟んでつまようじで閉じる。**C**は混ぜて小皿に入れる。

3 グリルの網にオリーブオイル適量（分量外）を塗り、あじをのせてオリーブオイルをかけ、弱火で7〜8分焼く。器に盛り、**C**を添える。

〈片面焼き〉 弱火で7分、裏返して4分焼く。

Point

・じゃがいもにしっかり塩味をつけると味のバランスがよくなる。
・じゃがいもは甘みの強い「インカのめざめ」がおすすめ。

ぶりのよだれたたき

時短でごちそう！ にんにくねぎだれでお酒がすすむ

材料 2人分

ぶり（刺し身用）……1さく（150g）
きゅうり……1本
塩……少々

A
- 万能ねぎ（小口切り）……3本分
- おろしにんにく……小さじ1/4
- 砂糖、しょうゆ……各大さじ1
- ごま油、水……各大さじ1/2
- 酢……小さじ1
- 豆板醤……小さじ1/4

作り方

1 ぶりは塩をふって10分置き、水分を拭く。きゅうりは斜め薄切りにして細切りにし、皿に盛る。**A**は混ぜる。

2 グリルの網にサラダ油適量（分量外）を塗って強火で3分予熱し、ぶりをのせて強火で1～3分焼く。表面の色がうっすら変わったら氷水に取り(a)、水けを拭いて薄切りにする。

3 きゅうりの上に**2**をのせて、**A**をかける。

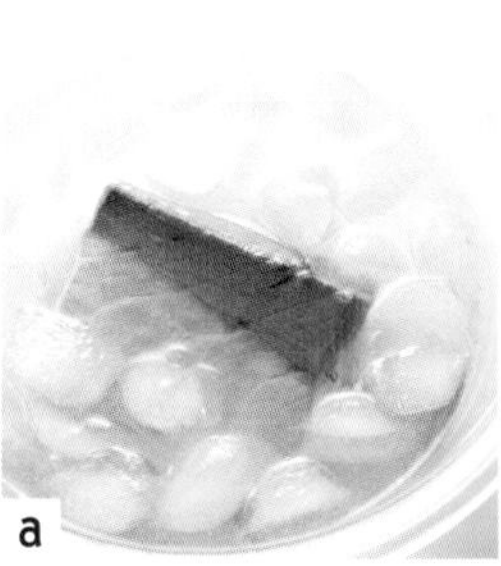

a

〈片面焼き〉 強火で3分予熱し、ぶりをのせて30秒、裏返して30秒焼く。

Point

サッと強火で焼いて急冷すると、火が通りすぎずレアに仕上がる。

鯛の炙り梅だれ

**キリッと酸っぱい梅干しがアクセント！
ごはんにのせても絶品♪**

材料 2人分

鯛（刺し身用）……1さく（150g）
新玉ねぎ……1/4個（50g）
みょうが……1個
大葉（せん切り）……5枚分
塩……少々
A 梅干し（包丁でたたく）……2個分
　ポン酢じょうゆ、オリーブオイル
　　……各大さじ1
　砂糖……少々

作り方

1 鯛は塩をふって10分置き、水分を拭く。玉ねぎは縦薄切りにして水に5分さらして水けをきり、みょうがはせん切りにする。

2 ボウルに**A**を混ぜて玉ねぎ、みょうがをあえる。

3 グリルの網にサラダ油適量（分量外）を塗って強火で3分予熱し、鯛をのせて強火で1〜3分焼く。表面の色がうっすら変わったら氷水に取り、水けを拭いて薄切りにし、**2**と混ぜる。器に盛り、大葉をのせる。

〈片面焼き〉強火で3分予熱し、鯛をのせて30秒、裏返して30秒焼く。

ガーリックシュリンプライス

炒めなくてもごはんがパラパラ！ エビとバターの旨味が口の中にじんわり広がる

材料 2人分

（縦23×横14×深さ3㎝の耐熱容器）

むきエビ……200g

ズッキーニ……½本

A
- 塩、しょうゆ……各小さじ½
- オリーブオイル……大さじ1
- 白ワイン……大さじ½
- おろしにんにく、パプリカパウダー……各小さじ¼
- 砂糖……ひとつまみ

バター……10g

温かいごはん……2人分（320g）

イタリアンパセリ（みじん切り・あれば好みで）……適量

黒こしょう……適量

パプリカパウダー

唐辛子の仲間で辛みのないパプリカを粉末状にしたもの。料理に赤い彩りを添える。

作り方

1 ズッキーニは7㎜厚さの輪切りにしてボウルに入れ、エビ、**A**と混ぜ合わせ、10分置く。

2 耐熱容器にごはんを広げ入れ、**1**をのせる。

3 グリルの網に**2**をのせて弱火で7～8分焼く。エビに火が通ったら、火を止めてバターを落とし1分蒸らす。パセリ、黒こしょうをふる。

〈片面焼き〉グリルの網に**2**をのせて、弱火で9～10分焼く。

Point

耐熱容器の代わりにアルミホイル型でもOK（カバー折り返し参照）。
ごはんの重量があるので型は半分のサイズで2個作り、内側にサラダ油を塗って使う。

牡《か》蠣《き》のパセリバター焼き

熱々の牡蠣から旨味がジュワッ！ バターの香りも堪能できる♪

材料 2人分

牡蠣（むき身・加熱用）……200g
えのきたけ……$\frac{1}{2}$パック（50g）
片栗粉……大さじ$\frac{1}{2}$
バター……10g

A
- おろしにんにく……小さじ$\frac{1}{4}$
- オイスターソース、白ワイン、イタリアンパセリ（みじん切り）……各大さじ1
- しょうゆ……大さじ$\frac{1}{2}$

作り方

1 ボウルで牡蠣に片栗粉、塩少々（分量外）をなじませる。かぶるくらいの水を加えて軽く混ぜ（a）、汚れた水を捨てて、きれいな水で振り洗いする。2回振り洗いし、ザルにあげて水けを拭く。

a

2 えのきたけは石づきを落としてほぐす。**A**は混ぜる。20cm四方のアルミホイルを2枚用意し、えのきたけ、牡蠣、**A**、バターを半量ずつのせ、中心で合わせて閉じる。

3 グリルの網に**2**をのせて強めの中火で8分焼く。

〈片面焼き〉強火で3分予熱し、網に**2**をのせて強火で10分焼く。

ほったらかし
魚焼きグリル

Part 3

おつまみ

飲みながら少量ずつ作りたいおつまみ。
そんなときこそサッと焼けるグリルの出番です。
ゆでずにスパイスと焼く枝豆は香りと甘みが濃厚に、
肉で巻いたおにぎりは香ばしい脂がコクに。
グリルの特技を生かしたおつまみをゆるく作りながら、もう一杯！

肉巻きおにぎり

甘辛く味つけした豚バラ肉とごはんの最強コンビ！グリル焼きで香ばしさも満点

材料 2人分/4個

豚バラしゃぶしゃぶ用肉……8枚（200g）
温かいごはん……160g

A 白いりごま……大さじ½
塩、ごま油……各少々

B しょうゆ……大さじ1½
砂糖、みりん……各大さじ1
ごま油……小さじ1

作り方

1 ごはんと**A**を混ぜ、4等分して俵形ににぎる。

2 おにぎりの横と縦に1枚ずつ豚肉を巻く（a）。残り3個も同様に作り、混ぜた**B**にからめて5分置く。

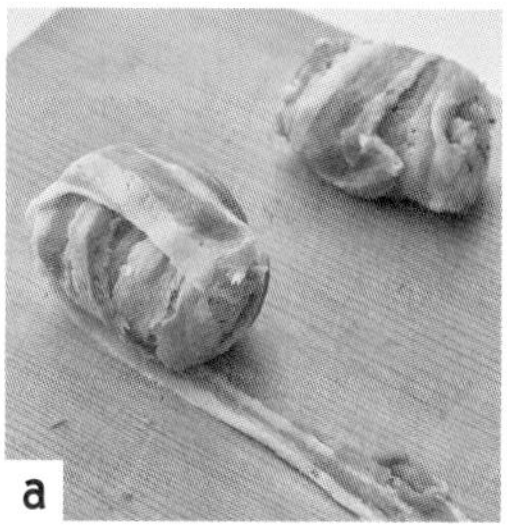
a

3 グリルの網にアルミホイルを敷いてサラダ油適量（分量外）を塗り、箸などで6～8か所に穴を開ける。**2**をのせて中火で6分焼く。**2**で残った**B**をかけて1分焼く。

〈片面焼き〉 中火で5分焼いて裏返し、**2**で残った**B**をかけて2分焼く。

Point

グリルで焼くと余分な脂が落ち、肉がはがれずきれいに焼ける。

アコーディオンポテト

レンチンで焼き時間を短縮！

材料 2人分

じゃがいも（メークイン）……小2個（240g）

A | 溶かしバター……20g
  | 塩、黒こしょう……各少々

黒こしょう……適量

作り方

1 じゃがいもは皮をむいて上下に菜箸を置いて、3mm間隔で切り込みを入れる（a）。

2 切り込みを開いて水洗いし（b）、水に5分さらす。水けをきって1個ずつラップで包み、電子レンジで2分半加熱する。切り込みに混ぜた**A**をかける。

3 グリルの網にアルミホイルを敷き、箸などで6～8か所に穴を開ける。**2**をのせて弱火で8～10分焼く。皿に盛り、黒こしょうをふる。

〈片面焼き〉弱火で10～12分、焼き目がつくまで焼く（焦げそうならアルミホイルをかぶせる）。

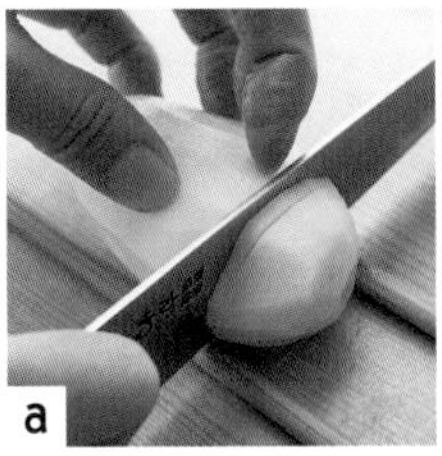
a

b

Point

切り込みの間を洗うことで、くっつきにくくなる。ベーコンやチーズを挟んでも◎。

スパイス枝豆

クミンシードのエスニックな香りで
変化をつけて

材料 作りやすい分量

枝豆（さや付き）……100g

A
- にんにく（みじん切り）……1かけ分
- クミンシード、塩……各小さじ1/2
- 赤唐辛子（小口切り）……少々
- 水……大さじ2
- ごま油……大さじ1/2
- 砂糖……小さじ1/4

作り方

1 枝豆と**A**を混ぜる。

2 グリルの網にアルミホイルを敷き、**1**を広げ入れて中火で5〜6分焼く。

〈片面焼き〉 弱めの中火で7分焼く。

厚揚げのにらだれ

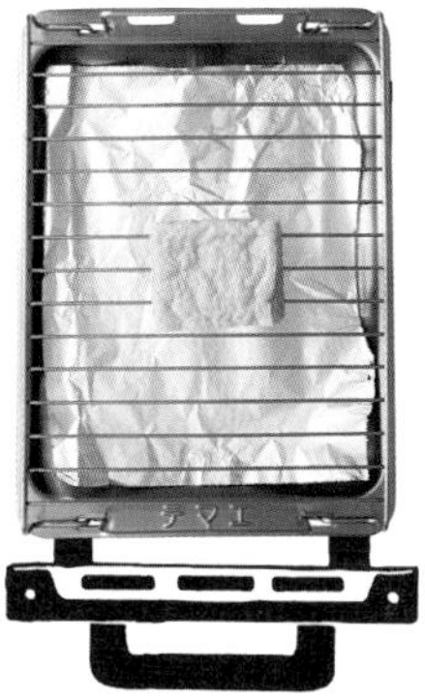

カリふわ食感の厚揚げにたれがなじんで◎

材料 作りやすい分量

厚揚げ……1/2枚（60g）
にら……1/2束

A
- 白すりごま……小さじ1
- ごま油、めんつゆ（3倍濃縮）……各小さじ1
- 砂糖……小さじ1/2

七味唐辛子……適量

作り方

1 にらは1cm幅に刻み、耐熱ボウルで**A**と混ぜる。ふわっとラップをかけて、電子レンジで1分加熱する。

2 グリルの網に厚揚げをのせて強めの中火で5分焼く。食べやすく切って皿に盛り、**1**をのせて七味唐辛子をふる。

〈片面焼き〉 中火で4分焼き、裏返して2分焼く。

かにかま ズッキーニボート

わさびマヨがクセになる和風おつまみ

材料　作りやすい分量

ズッキーニ……1本
塩……少々
A
かに風味かまぼこ（ほぐす）……50g
マヨネーズ……大さじ2
おろしわさび……小さじ$\frac{1}{4}$
しょうゆ……少々
パン粉……適量

作り方

1 ズッキーニは縦半分に切ってスプーンで種をくりぬき（a）、皮に塩をまぶす。

2 **A**を混ぜ、**1**に詰める。

3 グリルの網にサラダ油適量（分量外）を塗り、**2**をのせて中火で5〜6分、パン粉をのせて弱火で1〜2分焼く。

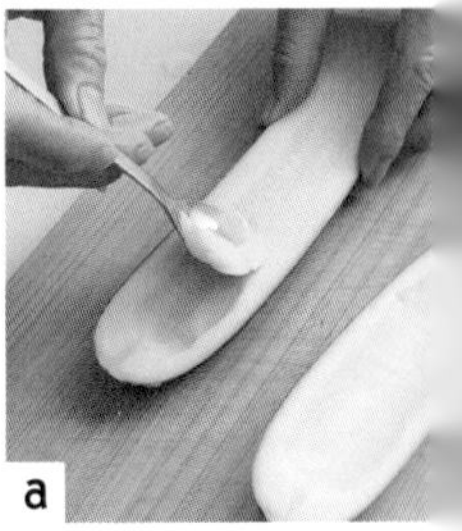
a

〈片面焼き〉1のあと、グリルの網にサラダ油適量（分量外）を塗り、具を詰めずにズッキーニの断面を下にして強火で3分焼く。裏返して**A**を詰め、中火で5分、パン粉をのせて弱火で1〜2分焼く。

さつま揚げトースト

タイ料理の定番・エビトーストを手軽に

材料 2人分

サンドイッチ用食パン……1枚
さつま揚げ……1~2個（70g）
オリーブオイル……適量
A | 酢……小さじ1
砂糖、ナンプラー、豆板醤……各少々
万能ねぎ（小口切り）……適量

Point

パンだけ先に焼くと食感がサクッと軽くなる。

作り方

1 パンは4等分に切り、片面にオリーブオイルを塗る。さつま揚げは厚みを半分にし、パンと同じサイズの4切れにする。**A**は混ぜる。

2 グリルの網にパンのオイル面を上にしてのせ、弱火で2分半焼く。焼き目がついたら、さつま揚げをのせて2~3分焼く。

3 皿に盛り、**A**を少量たらして万能ねぎをふり、残りの**A**を小皿で添える。

〈片面焼き〉 網にパンをのせて弱火で2分、焼き目がついたら裏返して2分、さつま揚げをのせて2分焼く。

れんこんのねぎまみれ

ねぎオイルでれんこんの甘みが際立つ

材料　作りやすい分量

れんこん……150g
万能ねぎ（小口切り）……6本分
A｜おろしにんにく……少々
　｜ごま油……大さじ2
　｜塩……小さじ$\frac{1}{4}$
水……大さじ2

作り方

1 れんこんは皮をむき縦4等分に切って木べらで潰し、食べやすくちぎる。水に3分さらし、水けをきる。

2 アルミホイルを二重にして型（カバー折り返し参照）を作る。**A**、万能ねぎを入れ、グリルの網にのせて弱めの中火で2分焼く。

3 グリルを引き出して**1**、水を混ぜ、中火で5分、れんこんに火が通るまで焼く。

〈片面焼き〉3でれんこん、水を混ぜ合わせ、弱めの中火で8～10分焼く。

Point

アルミホイル型の代わりに耐熱皿でもOK。

キムチチーズ巾着

さっくり焼けた油揚げをかじると中から具材がとろり

材料　2人分/2個

油揚げ……1枚
オクラ……2本
白菜キムチ……40g
スライスチーズ（溶けるタイプ）……2枚
ごま油……小さじ1
しょうゆ……小さじ$\frac{1}{2}$

作り方

1 オクラ、キムチは粗く刻んで、ごま油、しょうゆと混ぜ合わせる。チーズはそれぞれ4つに折りたたむ。

2 油揚げを半分に切って**1**を半量ずつ詰め、つまようじでとめる。

3 グリルの網に**2**をのせて弱火で5分焼く（焦げそうならアルミホイルをかぶせる）。

〈片面焼き〉弱火で3分、裏返して3分焼く。

Point

オクラの代わりに納豆でもおいしく作れる。

カレー塩ナッツ長いも

カリカリナッツとほっくり長いもの食感の違いが楽しい

材料 作りやすい分量

長いも……100g
オリーブオイル……大さじ$\frac{1}{2}$
塩……少々
A 素焼きミックスナッツ……20g
　塩、カレー粉……各ひとつまみ

作り方

1 長いもは皮をむき、7㎜厚さの輪切りにしてボウルに入れ、オリーブオイル、塩をまぶす。**A**のナッツは粗く刻み、調味料と混ぜる。

2 グリルの網にアルミホイルを敷き、長いもをのせて中火で6分、少し焼き目がついたら**A**をかけて弱火で1分焼く。

〈片面焼き〉 中火で7分、少し焼き目がついたら**A**をかけて弱火で1分半焼く。

Point

カレー粉の代わりにチリパウダーで辛みをきかせても◎。

カマンベールフォンデュ

熱々のチーズにパンをディップ！ ワインのお供に◎

材料 2人分

カマンベールチーズ……1個（100g）
おろしにんにく、ドライバジル
　……各少々
バゲット（薄く切る）……6切れ
オリーブオイル……適量

作り方

1 チーズの上部を薄く切り落とし、おろしにんにくを塗ってバジルを散らす。バゲットの断面にオリーブオイルを塗る。

2 グリルの網の奥にアルミホイルを敷き、チーズの断面を上にしてのせる。手前にバゲットを並べる。

3 チーズがとろりとするまで、弱火で3～4分焼く。

〈片面焼き〉 弱火で3～4分焼きながら、途中でバゲットを裏返す。

大人のあんバターホットサンド

甘いものが苦手でもイケる！
ほろ苦いコーヒーがかくし味

材料 2個分

バター（室温に戻す）……20g
ドリップコーヒーの粉
……小さじ1/2
サンドイッチ用食パン
……4枚
粒あん（市販）……大さじ4
A｜薄力粉、水……各小さじ1

Point

インスタントコーヒーはバターに溶けて食感がなくなるので、ドリップタイプの粉を使う。

作り方

1 バターとコーヒーの粉を混ぜてラップで包み、冷蔵庫で冷やし固める。

2 パン1枚に粒あん、**1**を半量ずつのせて混ぜた**A**をふちに塗り、もう1枚でサンドして四辺を包丁の背で押さえる。同様にもう1組作る。

3 グリルの網に**2**をのせ、強火で2～3分焼く。

〈片面焼き〉強めの中火で3分焼き、裏返して1分焼く。

紅茶パンプディング

軽い食感のクロワッサンに紅茶が香る上品な味わい

材料 2人分

（20×13×深さ4cmの耐熱皿）
クロワッサン……1～2個（約50g）
牛乳……1/2カップ
紅茶のティーバッグ……2袋
砂糖……大さじ3
卵……1個

作り方

1 耐熱カップに牛乳、ティーバッグを入れて電子レンジで1分半加熱し、ティーバッグを取り出して粗熱をとる。クロワッサンは3cm角に切って耐熱皿に入れる。

2 ボウルに紅茶液、砂糖、卵を入れ、泡立て器でよく混ぜる。**1**に注いで5分置き、クロワッサンを裏返す。

3 グリルの網に**2**をのせて弱火で5分焼く（焦げそうならアルミホイルをかぶせる）。竹串を刺して卵液がつかなければ焼き上がり。

〈片面焼き〉弱火で3～4分焼き、少し焼き目がついたらアルミホイルをかぶせて5～6分焼く。

Point

温かくても、冷やしてもおいしい。食パンやデニッシュで作っても。

クレーム ブリュレ

ひと口ごとに広がる、こっくり濃厚な卵の風味

材料 2人分

（直径11×深さ3㎝の耐熱皿）

生クリーム……90㎖
卵黄……1個分
グラニュー糖……10g＋小さじ1
ラム酒……小さじ1/2

作り方

1. ボウルに卵黄とグラニュー糖10gを入れて泡立て器でしっかり混ぜ、生クリーム、ラム酒を加えて静かに混ぜる。ザルで濾しながら耐熱皿に入れる。
2. グリルの網に1をのせて弱火で5分焼き、表面が固まったら残りのグラニュー糖をふりかけて1分焼く。火を止めて1分蒸らす。
3. 取り出して粗熱をとり、冷蔵庫で冷やす。

〈片面焼き〉弱火で4分焼き、表面が固まったら残りのグラニュー糖をふりかけて弱火で1～2分焼く。火を止めて2分蒸らす。

Point

・しっかり冷やすことで生地が締まり、濃厚さがアップする。
・ココット型2個分でも材料、作り方は同じ。

材料 6個分

クラッカー……12枚
マシュマロ……6個
素焼きナッツ……適量
＊アーモンドとくるみを使用。お好みのものでOK。

Point

今回は小麦胚芽入りのクラッカーを使用。ビスケットでも◎。

作り方

1. ナッツは粗く刻む。グリルの網にアルミホイルを敷き、クラッカーを6枚並べてマシュマロをのせ、弱火で1～2分焼く。
2. マシュマロに少し焼き色がついたら取り出し、ナッツを散らして残りのクラッカーで挟む。

〈片面焼き〉両面焼きと同様に作る。

ナッツスモア

クラッカーの間から香ばしいナッツとマシュマロがとろ～り

下条美緒 しもじょう・みお

料理研究家、JSA認定ワインアドバイザー。1973年長崎・壱岐島生まれ、東京育ち。武蔵野美術大学卒業後、服部栄養専門学校調理師科を卒業、料理家のアシスタントを経て独立。テレビ東京の人気料理番組『男子ごはん』のフードコーディネートのほか、雑誌、書籍、新聞でのメニュー提案などで活躍中。東京・代々木八幡のブーランジェリー「ルヴァン」のカフェ「ル・シャレ」にて、月1回の週末ワインバーを主宰。著書に『世界一美味しい！ 和食パスタの本』（共著・小社刊）がある。「撮影直前に腰を痛めてヒヤリ。趣味のサーフィンをモチーフにしたお気に入りエプロンに元気をもらって、無事に乗り切りました！」

ほったらかし
魚焼きグリルおかず

著　者　下条美緒
編集人　足立昭子
発行人　殿塚郁夫
発行所　株式会社主婦と生活社
〒104-8357 東京都中央区京橋3-5-7
tel.03-3563-5321（編集部）
tel.03-3563-5121（販売部）
tel.03-3563-5125（生産部）
https://www.shufu.co.jp
ryourinohon@mb.shufu.co.jp
製版所　東京カラーフォト・プロセス株式会社
印刷所　TOPPAN株式会社
製本所　株式会社若林製本工場
ISBN978-4-391-16187-8

デザイン
三木俊一＋髙見朋子
（文京図案室）

撮影
豊田朋子

スタイリング
本郷由紀子

調理アシスタント
瀬津早苗

手書き文字
宮脇奈緒（文京図案室）

イラスト
大嶋奈津子

P8、9、12取材協力
本間朝子（知的家事プロデューサー）

撮影協力
UTUWA

取材
廣瀬亮子

校閲
滄流社

編集
芹口由佳